Eva Beidl &
Helmut Beidl

WIR vom Jahrgang 1960

Kindheit und Jugend in Österreich

Wartberg Verlag

Impressum

Bildnachweis:

Cover:
Eva und Helmut Beidl: oben rechts; Mitte rechts/links, unten links; Georg Huber: unten rechts

Innen:
Eva und Helmut Beidl: S. 4, 5, 6, 7, 8, 9, 10, 11, 12, 13, 14, 16, 18, 19, 20, 21, 22, 23, 24, 25 o., 27 u., 28, 29, 31, 32, 33 o., 36, 39, 45 o., 46, 48, 49 o., 51, 54, 55, 58, 59, 63; Georg Huber: S. 30, 45 u., 49 u., 50, 62; Cornelia Huber: S. 61;
ullstein bild – Klaus Rose: S. 25 u., ullstein bild – AP: S. 26, 37; ullstein bild – TopFoto: S. 27 o.; ullstein bild – United Archives: S. 33 u.; ullstein bild – NASA: S. 34; ullstein bild – Oskar Poss: S. 35; ullstein bild – Rudolf Dietrich: S. 38; ullstein bild – Jochen Blume: S. 40; ullstein bild – Imagno: S. 41; ullstein bild – Horacek: S. 42; ullstein bild – Leber: S. 44; ullstein bild – Wolfgang Kunz: S. 52; ullstein bild – Sticha: S. 57; ullstein bild – Sven Simon: S. 60; picture-alliance/dpa/hennigsen: S. 43; picture-alliance/United Archives/IFTN: S. 47; picture-alliance/HOCH ZWEI/Ronco: S. 56

Wir danken allen Lizenzträgern für die freundliche Abdruckgenehmigung. In Fällen, in denen es nicht gelang, Rechtsinhaber an Abbildungen zu ermitteln, bleiben Honoraransprüche gewahrt.

1. Auflage 2013

Gestaltung: Ravenstein und Partner, Verden
Satz: Schneider Professionell Design, Schlüchtern-Elm
Druck: Druck- und Verlagshaus Thiele & Schwarz GmbH, Kassel
Buchbinderische Verarbeitung: Buchbinderei Büge, Celle

D-34281 Gudensberg-Gleichen • Im Wiesental 1
Telefon: +49(0)5603/93050 • www.wartberg-verlag.de
ISBN: 978-3-8313-2660-0

VOR-WORT

Liebe 60er!

„Mögest du interessante Zeiten erleben" – dieser chinesische Spruch trifft wohl auf das Jahrzehnt unserer Geburt ganz besonders zu. 1960 zur Welt gekommen, wurden wir leibhaftig hineingestellt in eine Dekade, die sich nach einem einigermaßen ruhigen Beginn zu einem veritablen weltgeschichtlichen und gesellschaftspolitischen Wirbelwind entwickelte. Die wohlige Beschaulichkeit der 50er-Jahre wurde plötzlich hinweggefegt in dem aufflammenden Konflikt der ersten Nachkriegsgeneration mit ihren Eltern, der sich in Aufbegehren, der Entwicklung eines eigenen, alternativen Lebensstils oder einfach dem Hören „schrecklicher Negermusik" äußerte. Die jungen Menschen schlossen sich Hippie-Kommunen an, konsumierten Drogen, lauschten psychedelischer Musik – alles auf der Suche nach einer neuen Welt abseits aller konventionellen Bahnen, frei von festgefahrenen Vorstellungen und dem Zwang gesellschaftlicher Konventionen der Elterngeneration.

Das Kennedy-Attentat von Dallas erschütterte die Welt, die USA setzten die ersten Schritte in ihre unglückselige Verstrickung in den Dschungelkrieg von Vietnam, überall kam es zu Studentenprotesten gegen das „Establishment".

Und auch wenn wir als Kinder von diesen Ereignissen nicht unmittelbar betroffen waren, so wirkten sie doch auf uns. Trotzdem waren wir vor allem Kinder, die fröhlich, neugierig und unternehmungslustig vor dieser neuen Welt standen, gerüstet und bereit, sie für uns zu erobern.

Machen Sie mit uns eine kleine Zeitreise – zurück in die Jahre Ihrer Kindheit und Jugend, angefangen im Jahr 1960!

Eva und Helmut Beidl

1960-1962

Von der Wiege zum Dreikäsehoch

Vom Himmel auf die Erde

Wozu berechnen Ärzte eigentlich Geburtstermine voraus? Wir kommen ohnehin, wann wir wollen! Und wir kommen auch, wohin wir wollen – oft zur ziemlichen Überraschung unserer Eltern, die vielleicht ganz andere Pläne gehabt hätten. Reisen, Ausbildung, Hobbys; das alles musste erst einmal auf Eis gelegt werden, als wir uns ankündigten. Unsere Väter waren davon ja eher weniger betroffen, denn ein Mann stand meist fest im Berufsleben und Schwangerschaft, Geburt und Kindererziehung waren noch ganz in weibliche Hand gegeben. Aber vielleicht hatten unsere Mütter ganz andere Pläne mit ihrem Leben gehabt? In den sechziger Jahren entfernte sich das Frauenbild ja langsam vom häuslichen Mütterchen am Herd, welches

Wie es sich gehörte wurde zuerst geheiratet ...

Chronik

6. März 1960

Im Kanton Genf (Schweiz) erhalten Frauen erstmals nach einer Volksabstimmung das Wahlrecht.

16. Mai 1960

Der Wissenschaftler Theodore Maiman erzeugt erstmals Laserlicht.

17. August 1960

Erster Auftritt der „Beatles" in einem Hamburger Club.

18. August 1960

Die Antibabypille kommt in Amerika auf den Markt.

20. Jänner 1961

John F. Kennedy wird zum Präsidenten der USA vereidigt.

12. April 1961

Mit dem Raumschiff „Wostok" startet Juri Gagarin als erster Mensch in den Weltraum.

13. August 1961

Baubeginn der Berliner Mauer.

15. November 1961

„Der Herr Karl" von Carl Merz und Helmut Qualtinger wird zum ersten Mal im Fernsehen gezeigt.

21. Februar 1962

„Pumuckl" hat seinen ersten Auftritt in einem Radiohörspiel.

12. Juli 1962

Die Rolling Stones treten erstmals in London auf.

1. Oktober 1962

James Meredith wird der erste afroamerikanische Student an der Universität von Missisippi.

14. Oktober 1962

Die Kubakrise zwischen den USA und der Sowjetunion bringt die Welt an den Rand eines Atomkriegs.

18. November 1962

Die ÖVP wird in Österreich stimmenstärkste Partei.

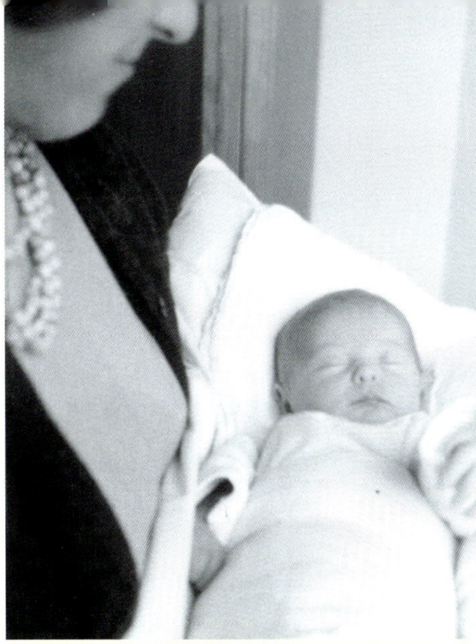

... und neun Monate später waren wir auch schon da!

in der Nachkriegszeit und besonders in den Fünfzigern das Bild der Gesellschaft geprägt hatte. Die Frauen begannen ihre Unabhängigkeit zu entdecken und wollten auch die

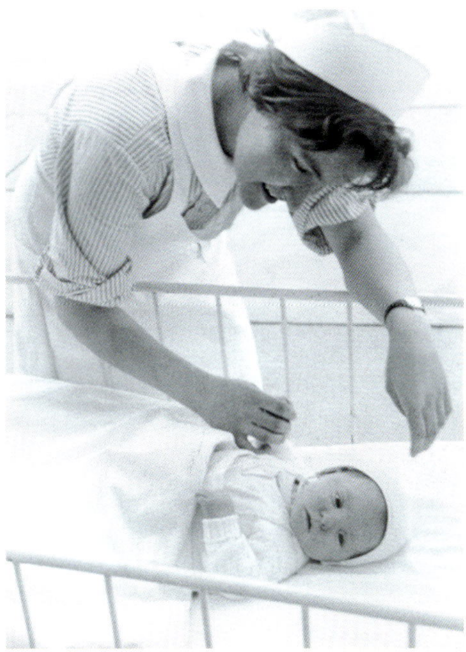

Die Schwester war sehr nett, aber eben nicht Mama!

entsprechenden Schritte setzen, diese zu erhalten und auszubauen. Ein Studium an der Universität, Auslandsaufenthalte zur Aneignung von Fremdsprachenkenntnissen, eventuell die Ausübung einer künstlerischen Tätigkeit gehörten vielleicht auch gerade für unsere Mütter zur notwendigen Entwicklung ihres Selbstbildes dazu. Doch dann kamen wir – und alles wurde ganz anders!

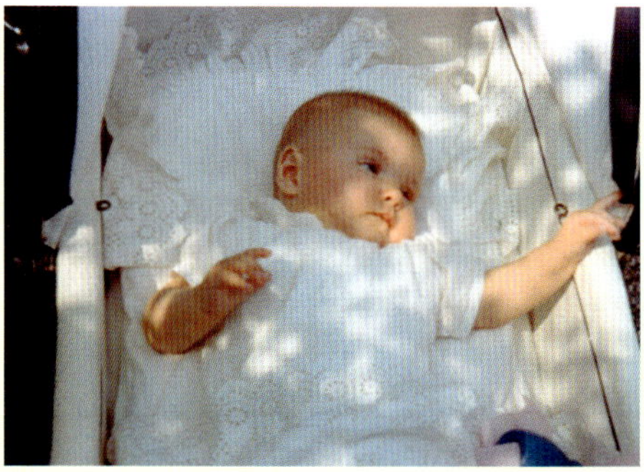

In unserem neuen Kinderwagen genossen wir manche Ruhestunde.

Wir sind da!

Kaum hatten wir unseren ersten Schrei getan, drehte sich das ganze Leben unserer Eltern nur noch um uns. Zwar verbrachten wir unsere ersten Tage noch im Krankenhaus auf der Säuglingsstation, aber sobald wir mit unserer Mutter daheim ankamen, bestimmten wir den Tages- und Nachtrhythmus! Da hieß es Windeln waschen, Fläschchen zubereiten, Bäder einlassen, Blähungen kurieren und Bäuerchen herbeiklopfen.

Gottlob gab es in vielen Familien noch eine Großmutter, die bei der Kinderbetreuung zur Hand gehen konnte. Dadurch entstand zwischen uns und unseren Großmüttern oftmals eine innige Beziehung, auf die wir in unserem späteren Leben mit viel Freude und Dankbarkeit zurückblicken konnten.

Unsere Oma hatte große Freude mit uns!

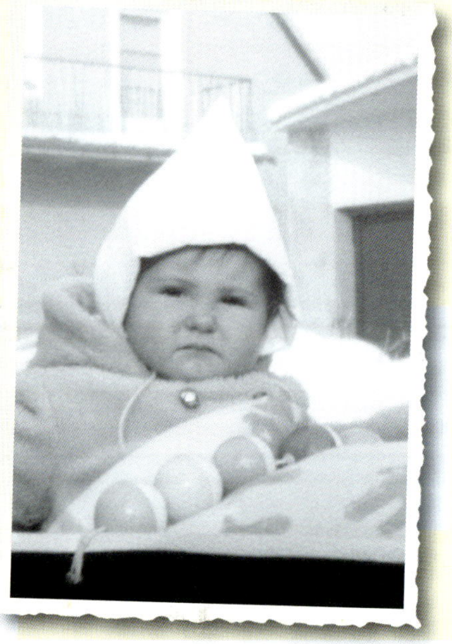

Kalte Winterausfahrten waren nicht immer erfreulich!

Vorlesen auf Omas Schoß.

Unsere Oma ist die Beste!

Glücklich das Kind, welches eine Großmutter oder einen Großvater hat! Sicherlich, Mutter und Vater waren durch nichts zu ersetzen, aber durch ihre Verstrickung in die Bewältigung äußerer Notwendigkeiten wie Beruf und Haushalt fehlten oft die Zeit und die Ruhe, sich eingehend mit uns auseinanderzusetzen. Hier hatten unsere Großeltern ihren festen Platz! Hier fand ihre größere Freiheit gegenüber äußerlichen Verpflichtungen ihre für uns schönste Ausdrucksform. Hier entstand der Raum, in dem wir mir ihr lebten, hier begegneten wir uns von Wesen zu Wesen. Diese Begegnung nährte unsere Seele. Wer erinnert sich nicht voller Freude an die ersten Märchen zurück, die wir auf ihrem Schoß sitzend erlauschten? Wem wird nicht warm ums Herz, wenn er an die stundenlangen Spaziergänge an ihrer Hand zurückdenkt?

Oma wartet schon auf uns für den Spaziergang.

Unterwegs!

Und ihre Geduld musste dem Himmel entliehen gewesen sein: Kein Mauervorsprung war zu groß, zu klein, zu lang oder zu kurz, um nicht an ihrer Hand darauf entlangzubalancieren. Jede Blume, jedes Tierchen, das unsere Aufmerksamkeit erregte, fand ungeteilt die ihre. Jeder Fund wurde ihnen gezeigt und jedes Geheimnis mit ihnen geteilt!

Wir helfen Oma bei ihrer Arbeit.

Prominente 1960er

4. Januar: **Michael Stipe**
US-amerikanischer Sänger (R.E.M.)

8. Feb.: **Alfred Gusenbauer**
österreichischer Politiker

26. Feb.: **Hannes Jaenicke**
deutscher Schauspieler

7. März: **Ivan Lendl**
tschechischer Tennisspieler

24. März: **Nena**
deutsche Sängerin

25. März: **Peter Seisenbacher**
österreichischer Judoka

10. Mai: **Bono**
irischer Sänger und Musiker (U2)

7. Aug.: **David Duchovny**
US-amerikanischer Schauspieler

10. Aug.: **Antonio Banderas**
spanischer Schauspieler

16. Aug.: **Franz Welser-Möst**
österreichischer Dirigent

24. Aug.: **Franz Viehböck**
erster österreichischer Raumfahrer

9. Sept.: **Hugh Grant**
englischer Schauspieler

2. Nov.: **Andy Borg**
österreichischer Schlagersänger

13. Nov.: **Wolfgang Murnberger**
österreichischer Regisseur

18. Nov.: **Kim Wilde**
britische Sängerin

3. Dez.: **Daryl Hannah**
US-amerikanische Schauspielerin

10. Dez.: **Kenneth Branagh**
britischer Schauspieler und Regisseur

So schön konnte nur das Christkind den Baum schmücken!

Unser erster Puppenwagen.

Erste Feste

Um unseren Geburtstag angemessen zu feiern, waren wir noch zu klein. Vielleicht gab es schon das eine oder andere Geschenk von Eltern oder Verwandten, aber so richtig mitbekommen haben wir unser Wiegenfest damals sicherlich noch nicht – welche Bedeutung hat es auch schon für ein Kleinkind, wieder ein Jahr älter geworden zu sein?

Aufregender war da wahrscheinlich schon das Osterfest: An der Hand unserer Eltern stiefelten wir durch den frühen Ostermorgen und entdeckten staunend unter Büschen und Gräsern verborgene bunte Eier oder Süßigkeiten, die der Osterhase dort für uns versteckt hatte. Wir hatten noch keine Ahnung, wer dieser geheimnisvolle Osterhase war, aber für die Schätze, die er uns hinterließ, waren wir ihm sehr dankbar!

Die allergeheimnisvollste Zeit war aber natürlich der Advent und damit das Warten auf das langsam näher rückende Weihnachtsfest. In jedem Haus und in jeder Wohnung duftete es nach Weihnachtsbäckerei, die Eltern taten furchtbar heimlich und erzählten immer wieder, wie sie dann und dann dem Christkind helfen mussten, jeden Tag war es wieder spannend, welches Bild sich hinter dem nächsten Türchen des Adventkalenders wohl zeigen würde, und jeden Sonntag wurde eine Kerze mehr auf dem Adventkranz angezündet. Die ganze Familie versammelte sich um den Kranz, es wurde eine Geschichte vorgelesen und Lieder wurden gesungen.

Unseren besten Freund hatte auch oft das Christkind gebracht!

Die stolze Brautjungfer.

Und schließlich kam dann jener Tag, der für jedes Kind wohl der längste im ganzen Jahr ist: der 24. Dezember. Wer erinnert sich nicht an das endlose Warten vor der verschlossenen Tür des Wohnzimmers, die seltsamen und geheimnisvollen Geräusche dahinter, an die Trostworte der hin- und hereilenden Eltern, dass es nun wohl bald so weit sei. Kein Essen wollte schmecken, kein Spiel machte richtigen Spaß, die Zeiger der Uhr bewegten sich nicht von der Stelle.

Dann endlich ertönte die Glocke, die Tür ging auf und keiner konnte mehr sagen, was heller strahlte: die Lichter am Baum oder die Augen der Kinder davor?

Natürlich gab es auch noch andere Gründe zu feiern: Vielleicht heiratete jemand aus unserer Verwandtschaft, und da wir das Nesthäkchen waren, durften wir in unseren schönsten Kleidern Brautjungfer spielen! Oder unsere Mutter hatte Geburtstag und wir kümmerten uns um das Blumenarrangement.

Die Blumen duften gut – die können wir Mama schenken!

Das haben wir für Mama aber schön gemacht!

Was gibt es zu essen?

Wenn wir Glück hatten, wurden wir in der ersten Zeit voll gestillt. Das Stillen war ja zu jener Zeit etwas aus der Mode gekommen. Die Babynahrungsindustrie hatte sich zu einem einträglichen Wirtschaftszweig entwickelt und wurde bei ihrem Vordringen in die heimischen Stuben auch von so manchem Ernährungsexperten unterstützt, der die praktischen Gläschen undefinierbaren Inhalts und die in immer mehr Sorten in den Regalen zu findenden Fertigbreie als viel hochwertiger einstufte als simple Muttermilch. Erst Mitte der Siebzigerjahre sollte die Brustfütterung eine Renaissance erleben, aber die Diskussionen über „stillen oder nicht“ sind bis heute nicht abgeflaut und erhitzen auch noch immer die Gemüter.

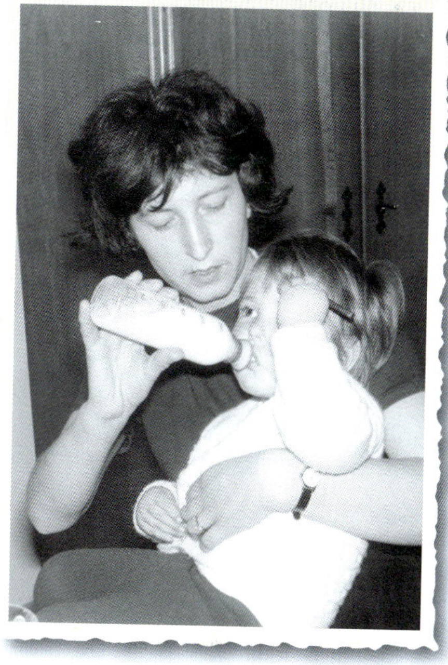

So gut schmeckt es nur bei Mama!

Uns war auch das egal. Wir sperrten unsere Mäulchen unwissend und dankbar allem auf, was uns unsere Eltern unter die Nase hielten, ob es denn Hipp, Milupa oder Knorr „Himmeltau“, der Urvater aller Breie, war. Uns schmeckte es einfach, weil es von den einzigen Menschen kam, denen wir voll und ganz vertrauten: unseren Eltern, den besten Eltern der Welt! Über manchem Gitterbettchen hing sogar eine Spieluhr in Form einer „Himmeltau“-Packung. Sicherlich spielte sie „Guten Abend, gute Nacht ...“, den Klassiker unter den Kinderliedern. Wer Brahms war, sollten wir aber erst viel später erfahren.

Vor das Abendessen hatte der Liebe Gott eine Prozedur gesetzt, die uns in unseren frühen Lebensmonaten mit höchster Skepsis erfüllte: das abendliche Bad! Erst später sollten wir die wahren Vorzüge dieses zuerst doch recht zweifelhaften Vergnügens schätzen lernen und wollten dann gar nicht mehr aus der Wanne. Zunächst jedoch waren wir heilfroh, wenn das Ganze wieder vorbei war. Mama trocknete uns ab, behandelte unsere Pobacken mit Puder und Penaten-Creme und packte uns anschließend in Stoffwindeln und Gummihose.

Danach hatten wir uns das Abendessen redlich verdient, und nach einer Gute-Nacht-Geschichte und vielen ebensolchen Küssen ging es ins Bett! So vergingen unsere Tage wie im Flug!

Gute Nacht, Papa!

Die Welt am Abgrund – die Kubakrise

Ende Oktober 1962 befand sich die Welt näher am Rande eines Atomkriegs, als sie es je zuvor oder danach gewesen war: Die so genannte „Kubakrise" führte beinahe zu einem atomaren Schlagabtausch der beiden Supermächte USA und Sowjetunion.

Ihren Ausgang nahm die Krise darin, dass die Sowjetunion im Juli 1962 heimlich begann, auf der kommunistisch regierten Insel Kuba Atomraketen zu stationieren, die, dem üblichen Duktus entsprechend „nur der Verteidigung dienen sollten". Im August 1962 wurden die Raketenabschussbasen von amerikanischen Spionageflugzeugen entdeckt. Bei weiteren Aufklärungsflügen im Oktober stellte sich heraus, dass es sich um Atomraketen mit einer Reichweite von bis zu 4500 Kilometern handelte – also weit bis in den Norden Kanadas! Obwohl seine militärischen Berater zu einem sofortigen Angriff rieten, hielt Präsident Kennedy die Affäre vorerst geheim und plante im Hintergrund die Durchführung einer Seeblockade Kubas. Erst am 22. Oktober informierte er die Weltöffentlichkeit von den auf Kuba stationierten Atomwaffen und verkündete gleichzeitig den Beginn der Seeblockade für den 24. Oktober. Die Sowjetunion ignorierte die Blockade vorerst. Am 27. Oktober eskalierte die Situation: Ein amerikanischer Zerstörer zwang das sowjetische U-Boot B59 zum Auftauchen. Dieses hatte Nuklearwaffen an Bord, und nur der Besonnenheit eines der drei Offiziere an Bord ist es zu verdanken, dass nicht auf der Stelle ein Atomkrieg ausbrach: Er weigerte sich, ohne unmittelbaren Befehl aus Moskau die Atomtorpedos abzufeuern.

Danach lenkte die Sowjetunion unter Regierungschef Chruschtschow ein: Die Raketenbasen auf Kuba wurden abgebaut; im Gegenzug dafür verzichteten die USA auf eine Invasion Kubas und demontierten ihre in der Türkei stationierten Atomwaffen.

Als unmittelbare Folge der Krise wurde der sogenannte „heiße Draht" zwischen Kreml und Weißem Haus installiert, eine direkte Fernschreiberverbindung, die beiden Staatsoberhäuptern eine raschere Kommunikation ermöglichen sollte – bis dahin waren nur Briefe hin und her gegangen!

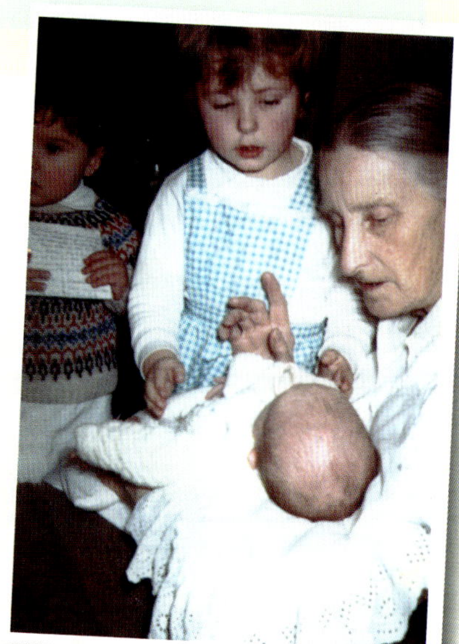

Das neue Geschwisterchen.

Wir bekommen Konkurrenz!

Eigentlich hätte uns auffallen können, dass Mamas Bauch über die Wochen immer runder und größer wurde, aber wahrscheinlich waren wir noch zu klein, und außerdem gab es doch so viel in der Welt für uns zu entdecken und zu erfahren, dass wir darauf auch gar nicht geachtet hatten. Irgendwann

Liebhaben!

wurde uns dann erzählt, dass wir ein kleines Geschwisterchen bekommen würden, aber auch damit konnten wir nicht viel anfangen. Dann war Mama für einige Tage verschwunden, und als sie zurückkam, hatte sie auf dem Arm einen kleinen Fremdling dabei: Das sollte unser kleines Geschwister sein! Anfangs verfolgten wir die Entwicklung sicher mit Interesse und vielleicht sogar mit Freude, aber im Laufe der Zeit bemerkten wir doch, dass Mama sich um diesen kleinen Neuankömmling viel mehr kümmerte als um uns, und da wurden wir traurig und unzufrieden, sogar böse. Heute, als Erwachsene, bezeichnen wir das als Eifersucht, aber als kleine Knirpse wussten wir mit diesem Gefühlssturm noch nicht viel anzufangen. Es bedurfte vieler Liebe und Aufmerksamkeit unserer Eltern, uns aus diesem innerlichen Chaos zu erlösen, aber über die Wochen und Monate söhnten wir uns mit der Situation aus und gewannen das neue Familienmitglied letztendlich sehr lieb!

Mörderjagd und Mondlandung – Fernsehen in den sechziger Jahren

Das Fernsehen erlebte von 1960 bis 1970 in Österreich seinen größten Aufschwung: Gab es 1960 nur knapp 200 000 angemeldete Geräte, so waren es 1970 bereits über 1,42 Millionen! Versiebenfacht hat sich die Anzahl der Fernsehgeräte seither nie mehr! Zwar bildeten Kino und Radio noch eine starke Konkurrenz zur „Röhre", und gerade einmal fünf Stunden Programm, die der Österreichische Rundfunk auf nur einem Kanal sendete, waren auch nicht unbedingt der Reißer, aber in diesen paar Stunden waren eben auch die sogenannten „Straßenfeger" – Krimis nach Büchern von Francis Durbridge enthalten. Diese brachten bei ihrer Ausstrahlung nicht nur beinahe das ganze öffentliche Leben zum Erliegen (sogar Nachtschichten in Fabriken mussten eingeschränkt werden!), sondern trieben auch die Nachfrage für Fernsehgeräte enorm in die Höhe, denn wer wissen wollte, wer der Mörder war, musste sich zu Freunden oder Nachbarn oder sogar in Gasthäuser begeben, und das wurde den Menschen auf die Dauer zu anstrengend!

Zudem wurden die Geräte immer erschwinglicher, ab 1963 sendete der ORF (versuchsweise) schon einen zweiten Kanal und gegen Ende des Jahrzehnts kehrte sogar Farbe auf den Bildschirmen ein – obwohl sich damals noch die Wenigsten ein entsprechendes Gerät leisten konnten!

1963–1965

„The times they are a-changin'"

Veränderungen

Mittlerweile befanden wir uns in unserem vierten Lebensjahr. Wir waren schon sehr gut zu Fuß unterwegs, und auch das Thema Windeln hatte sich bereits erledigt – sehr zur Freude und Erleichterung unserer Mütter, denn mangels Wegwerfwindeln war das damals durchaus noch eine sehr aufwendige und anstrengende Sache. Meist wurden die Windeln noch wirklich im Topf ausgekocht! Zugegebenermaßen hielt sich die Erleichterung in gewissen Grenzen, denn unsere kleinen Geschwister sorgten noch fleißig für Nachschub – aber immerhin, wir waren uns keiner Schuld mehr bewusst! Auch hatten wir uns inzwischen an das neue Familienmitglied einigermaßen gewöhnt, und so war die Welt für uns in Ordnung. Mama sorgte zuhause für uns und Papa ging jeden Tag in die Arbeit.

Wir wuchsen in einer friedlichen Welt auf.

Chronik

3. Jänner 1963

Der Deutsche Walter Bruch präsentiert in Hannover erstmals das PAL-Farbfernsehsystem.

6. Februar 1963

Erstflug einer Boeing 727.

28. August 1963

Martin Luther King hält seine berühmte Rede: „I have a dream".

22. November 1963

Der amerikanische Präsident Kennedy wird bei einem Attentat in Dallas ermordet.

29. Jänner 1964

Eröffnung der IX. Olympischen Winterspiele in Innsbruck.

26. April 1964

Die „Rolling Stones" veröffentlichen ihre erste Langspielplatte.

12. Juni 1964

Nelson Mandela wird zu lebenslanger Haft verurteilt.

2. Juli 1964

Der amerikanische Präsident Lyndon B. Johnson unterzeichnet das Gesetz zur Aufhebung der Rassentrennung.

10. Dezember 1964

Martin Luther King wird der Friedensnobelpreis verliehen.

24. Jänner 1965

Winston Churchill stirbt im Alter von 91 Jahren.

21. Februar 1965

Der farbige Bürgerrechtler Malcolm X wird in New York ermordet.

23. Mai 1965

Franz Jonas wird zum österreichischen Bundespräsidenten gewählt.

19. Juli 1965

Der „Mont-Blanc-Tunnel", damals der längste Straßentunnel der Welt, wird eröffnet.

Als Angehörige der Kriegsgeneration war es für unsere Väter in den Jahren vor und nach unserer Geburt nicht immer einfach gewesen: Viele waren noch als Jugendliche mitten aus ihrer Ausbildung geholt und als „Kanonenfutter" an die Front geschickt worden, wo sie Zeuge der schrecklichsten Ereignisse geworden waren. Vielleicht waren sie überhaupt für einige Jahre in Kriegsgefangenschaft geraten! Bei ihrer Rückkehr waren sie dann vollständig auf sich gestellt gewesen, denn den Großteil der Bevölkerung hatte der Krieg viel gekostet, und statt Dank und Trost erwartete sie nur Zerstörung und Elend. So mussten sie mühsam versuchen, dort wieder anzuknüpfen, wo der Krieg ihr Leben mitten entzweigerissen hatte – auch was ihre Ausbildung betraf. So wurde tagsüber gearbeitet, abends und nachts gelernt. Irgendwo dazwischen sollte auch noch die junge Familie Platz finden! Aber irgendwie schafften unsere Eltern diesen fast unmöglichen Spagat, unsere Väter beendeten ihre Ausbildung und machten sich auf Arbeitssuche. Da diese aber leider nicht immer um die nächste Ecke zu finden war, stand uns kleinen Erdenbürgern schon die nächste Veränderung ins Haus: Wir zogen um!

Von der Landmaus zur Stadtmaus

Unser Vater hatte also eine gute Stellung gefunden und von seiner Firma wurde ihm eine Dienstwohnung zur Verfügung gestellt – mitten in der Großstadt. Und waren wir bisher das beschauliche Treiben in unserer kleinen

Von der Gasse …

Gasse gewohnt gewesen, so umgaben uns jetzt der Lärm und der Trubel der Metropole. Kein Dreiradfahren auf der Straße mehr, keine drei Schritte bis zur nächsten Wiese mehr, und oft keine Großeltern mehr an unserer Seite! Wir waren nicht froh!

Es dauerte eine Zeit, bis wir uns an das Leben im Hochhaus gewöhnt hatten. Auf der anderen Seite gab es in der Stadt natürlich auch spannende Erfahrungen, die wir bisher nicht gekannt hatten, zum Beispiel die vielen Geschäfte, in denen man einkaufen konnte, und zu denen man mit dem Autobus oder der Straßenbahn fahren musste. Das war aufregend! An Mamas Hand bestiegen wir vorsichtig diese riesengroßen Gefährte und sahen neugierig zu, wie unsere Mutter einem uniformierten Mann mit Kappe einige Münzen in die Hand drückte und dafür von einem seiner vielen Blöcke ein Stückchen Papier, genannt „Fahrkarte", bekam, manchmal auch einige Münzen zurück, die er aus einer kleinen Maschine drückte, welche er vorne am Bauch hängen hatte. Oft bekamen wir diese Fahrkarte nach Beendigung der Fahrt geschenkt, und dann wurde zuhause mit unseren Geschwistern ebenfalls Straßenbahn gespielt.

In den großen Geschäften war uns meist langweilig, denn nur allzu selten marschierte Mama mit uns in einen Laden, der auch uns gefiel, etwa ein Spielzeuggeschäft oder eine Tierhandlung.

Für ein eigenes Haustier waren wir allerdings noch zu klein, obwohl wir die Häschen schon sehr niedlich fanden. So musste ein Plüschtier genügen – manchmal auch unsere ganze Kindheit lang, wenn Papa befand, dass in der Wohnung nicht auch noch Platz für einen Vierbeiner war!

… auf den Wohnungsbalkon.

Das Attentat von Dallas

Am 22. November 1963 erschütterten zwei Gewehrschüsse die Welt. Sie trafen den amtierenden amerikanischen Präsidenten John F. Kennedy tödlich. Er befand sich mit seiner Frau Jackie auf einer Wahlkampfreise in Texas, die ihn durch die Städte San Antonio, Fort Worth und Dallas führen sollte. Der Empfang durch die texanische Bevölkerung war sehr herzlich, obwohl Kennedys Verhalten in der Kubakrise unter den Menschen nicht unumstritten war: Ihrer Meinung nach hätte Kennedy gegen Chruschtschow härter durchgreifen müssen. Auch hatte einige Tage zuvor ein Autokorso durch Miami abgesagt werden müssen, da Attentatspläne bekannt geworden waren. Trotzdem fuhr der Präsident an jenem Tag in einer offenen Limousine durch die Menge.

Gegen 12.30 Uhr fielen mehrere Schüsse. Der erste durchschlug Kennedys Hals, der zweite traf ihn in den Kopf, ehe der Fahrer der Limousine den Wagen zur Flucht beschleunigen konnte. Der schwer verletzte Präsident wurde in die Notaufnahme gebracht, wo sich vierzehn Ärzte vergebens um sein Leben bemühten. Um 13 Uhr wurde Kennedy offiziell für tot erklärt. Kurze Zeit später wurde ein junger Mann namens Lee Harvey Oswald verhaftet, weil er auf offener Straße einen Polizisten erschossen hatte, der ihn hatte anhalten wollen. Zunächst wurde Oswald nicht mit dem Attentat in Verbindung gebracht, doch sein Handabdruck auf dem sichergestellten Gewehr überzeugte die Polizei davon, es mit dem gesuchten Attentäter zu tun zu haben. Am darauffolgenden Tag wurde Oswald von dem Nachtclubbesitzer Jack Ruby vor laufenden TV-Kameras in einer Tiefgarage erschossen.

Bis heute gibt es Zweifel an der Einzeltäterschaft Oswalds, die dazugehörigen (Verschwörungs-)theorien könnten ganze Bücher füllen. Restlos wird wohl nie mehr geklärt werden können, was damals im November 1963 wirklich geschah. Fest steht nur, dass noch Jahre danach unzählige Menschen genau sagen konnten, wo sie waren oder was sie taten, als Präsident Kennedy ermordet wurde.

Unser erster Tag im Kindergarten

Entweder musste unsere Mutter, nachdem sie einige Jahre mit uns zu Hause verbracht hatte, wieder in die Arbeit gehen, da die finanzielle Situation der Familie es erforderte, oder sie wollte einfach vormittags wieder ein bisschen Zeit für sich selbst und die Hausarbeit haben – auf alle Fälle bekamen wir eines schönen Tages eine hübsche kleine Ledertasche um den Hals, zogen unsere besten Kleider an und ab ging es an Mamas Hand in den Kindergarten. Sie hatte uns ja schon davon erzählt, aber der Unterschied zwischen Hörensagen und dem tatsächlichen Eintritt des Ereignisses war für uns ein beträchtlicher. Da standen wir nun vor einer wildfremden Frau, zu der wir Tante sagen sollten, obwohl sie doch gar nicht unsere Tante war! Um uns herum wuselte eine Gruppe fremder Kinder, manche in unserem Alter,

Im Kindergarten lernten wir tolle Sachen, die wir gleich unseren Geschwistern zeigten.

manche größer, die zwar alle mit schönen Spielsachen spielten, diese aber durchaus nicht immer mit uns teilen wollten. Und dann war auch noch Mama plötzlich verschwunden! Die Tränen, die in den ersten Wochen im Kindergarten flossen, könnten durchaus ein kleines Meer füllen.

Aber auch diese schwere Zeit ging vorbei, wir fanden heraus, dass die Tante eine sehr nette Frau war (außer, man trieb es ein bisschen zu bunt!), wir einigten uns mit den anderen Kindern über die gemeinsame Nutzung der vielen, tollen Spielsachen, wir tanzten, sangen Lieder, trommelten mit Stöckchen und manchmal schien es, als habe Mama uns gerade erst abgegeben, als sie uns auch schon wieder abholte.

Ab in den Süden!

Ohne dass wir es ahnten, kam ein großes Ereignis auf uns zu: Der erste Urlaub! Papa hatte ein Jahr lang brav in seiner neuen Firma gerackert, jetzt war es Zeit für die wohlverdiente Erholung! So wurden wir eines Morgens aus unseren gemütlichen Betten geholt, zwischen jeder Menge Koffern und Taschen ins Auto gepackt und ab ging es irgendwohin, wo es „Italien" heißen sollte. Die Reise in dieses sagenhafte Land erschien uns endlos! Obwohl wir früh aufgebrochen waren, wurde es bald Tag, und da ja Sommer war, auch

Pack' die Badehose ein!

brütend heiß. Wir machten immer nur viel zu kurze Pausen, und irgendwie schien es, als ob die ganze restliche Stadt mit uns in dieses Italien aufgebrochen wäre: Auto reihte sich an Auto, und oft ging es nur im Schritttempo vorwärts. Wir waren müde und quengelig – und unsere Eltern entnervt.

Aber endlich waren wir am Ziel: Italien! Es sah dort ganz anders aus als zuhause – die Häuser, die Bäume, die Straßen – die Sonne strahlte vom Himmel und die Leute waren alle braungebrannt und sprachen eine Sprache, die wir nicht verstanden. Erst am nächsten Tag sollten wir die tolle Sandkiste namens „Strand" und das riesige Planschbecken namens „Meer" kennen lernen – und diese Bekanntschaft erfreute uns ausnehmend!

Den ganzen Tag wurden Sandkuchen gebacken, Sandburgen gebaut, im Wasser gepritschelt und mit den Kindern anderer Urlauber gespielt. Mit denen verstanden wir uns gut, denn die kamen entweder auch aus Österreich oder aus Deutschland. Italien war in den sechziger Jahren das Urlaubsland der Deutschen und Österreicher und sollte es auch noch lange Jahre bleiben. Hauptreisemittel war das Automobil,

Welche Sorte koste ich denn zuerst?

Wandern im Wald ...

denn Flugreisen konnten sich damals wirklich nur sehr wohlhabende Leute leisten. Oft wurden von unseren Eltern auch noch kiloweise Konserven und Lebensmittel eingepackt, denn „wer weiß, was es da unten zu essen gibt!" Bald aber hatten alle Geschmack an Pasta und Pizza gefunden, und das „Gelato" war natürlich erst recht nicht zu verachten.

Wen es nicht so weit in die Ferne zog, der machte eben Urlaub zuhause, im schönen Österreich! Da gab es Berge zu erklettern, Wälder zu durchstreifen und Seen, um darin zu baden. Wir Kinder konnten Ruinen erforschen, auf Bäumen herumkraxeln und in der Wiese herumtollen. Und das Eis aus der Eskimo-Eisbombe schmeckte uns Schleckermäulern mindestens genauso gut wie das italienische!

... macht durstig ...

... und hungrig.

Papa spielt die erste Geige.

Hausmusik

Heutzutage ist der schöne Brauch der Hausmusik beinahe ganz verschwunden. Glücklich, wer sie – wie ich – noch zu den Eindrücken seiner Kindheit zählen darf.

Für uns Kinder war es immer sehr spannend, wenn einmal in der Woche – meistens samstags – einige von Papas oder Mamas Bekannten eintrudelten, die in Handköfferchen geheimnisvolle Gerätschaften mit sich führten, welche Instrumente genannt wurden. Meist waren es Geigen oder Bratschen, manchmal Celli oder Flöten – aber die Namen der Instrumente lernten wir erst in späteren Jahren. Mama setzte sich ans Klavier und dann wurde gemeinsam musiziert. Wir Kleinen mussten uns dabei natürlich mäuschenstill verhalten, wollten wir nicht einen strafenden Blick einfangen oder sogar in unser Zimmer geschickt werden! Aber das Zuhören war ohnehin sehr schön für uns, und ohne es zu wissen, schlossen wir damals schon unsere erste Bekanntschaft mit Bach, Beethoven oder Mozart – und solche Bekannte kann man im Leben immer gut brauchen. Auch wenn sich unser Musikgeschmack später vielleicht in ganz andere Richtungen entwickelte, so war es doch schön, unsere ersten musikalischen Eindrücke auf solch unmittelbare Art und Weise vermittelt zu bekommen!

Glenn Gould hat auch einmal klein angefangen!

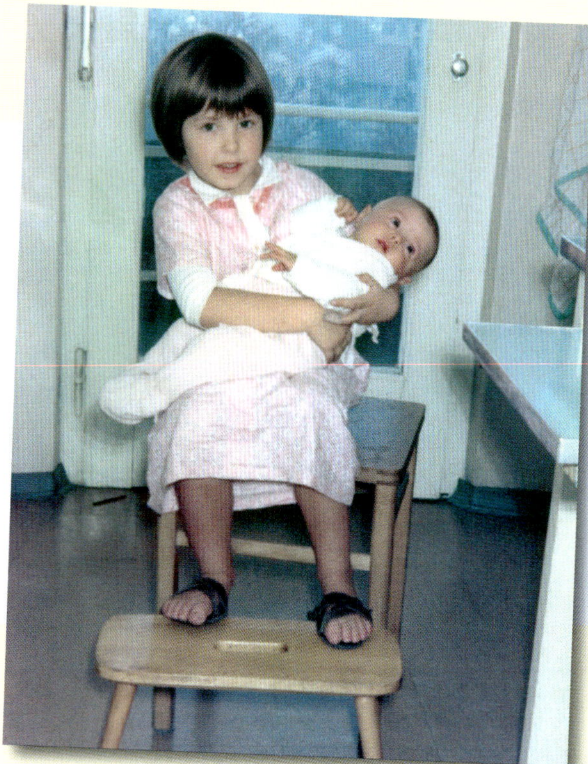

Wieder ein Neuankömmling!

Geschwister

Kleine Geschwister zu haben ist anstrengend! Sie machen alles kaputt, dürfen alles, und wenn man sie verhaut, schreien sie nur nach Mama, die dann mit den Größeren schimpft! Zudem wird man gar nicht so selten dazu verdonnert, auf die Kleinen aufzupassen, wenn Mama „nur mal ganz schnell einkaufen gehen muss". Das war ja noch einigermaßen zu ertragen zu gewesen, als man nur ein Geschwisterchen gehabt hatte, aber mit der Ankunft des zweiten wurde die Sache wirklich anstrengend! Wir als die Großen waren von nun an immer dazu verurteilt, die „Vernünftigen" zu sein, das mittlere Geschwister würde von nun an immer zwischen zwei Fronten stehen und das kleinste Geschwister hatte mit einem Leben als Nesthäkchen zu kämpfen! Wenn wir das gewusst hätten, wären WIR als die Letzten auf die Welt gekommen – oder stimmt das doch nicht ganz? Natürlich war es auch sehr schön, jüngere Geschwister zu haben: Es war im-

Auf dem Weg zum Kinderfasching.

mer jemand zum Spielen da und im Grunde hatten wir sie ja auch sehr lieb. Außerdem kannten wir es nicht anders, denn wir 60er gehören ja zu den Babyboomern, also zu den geburtenstarken Jahrgängen, und da wuchsen in fast allen Familien zwei, drei oder mehr Kinder auf.

Jedes der Geschwister nahm seinen immer fester werdenden und ganz bestimmten Platz in unseren Herzen ein. Im Laufe der Zeit wogen die schönen Erlebnisse mit unseren Schwestern oder Brüdern die Anstrengungen vielleicht sogar auf und es entstanden oft tiefe Freundschaften, die den Jahrzehnten standhielten.

Von zwei Beinen auf zwei Räder

Irgendwann verspürten wir plötzlich das Bedürfnis nach mehr Mobilität, als uns unsere Beine allein gestatteten. Fahrzeuge mussten her! Da unser Gleichgewichtssinn manchmal noch zu wünschen übrig ließ, konnten wir nicht gleich mit zwei Rädern das Auslangen finden. So fand sich dann am nächsten Geburtstagstisch oder unter dem nächsten Weihnachtsbaum ein Dreirad ein, und die mobile Eroberung der Welt konnte beginnen!

Mit diesem Fahrzeug waren wir etliche Monate unterwegs und auch zufrieden damit, aber irgendwann stand uns der Sinn nach mehr Abenteuer: Schon schielten wir nach dem Roller, mit dem das Nachbarskind so schnell um die Häuserblocks bretterte, und wir wünschten uns nichts sehnlicher, als auch so ein tolles Zweirad zu besitzen. Nachdem uns dieser Wunsch beim nächsten Geburtstag oder Weihnachtsfest erfüllt wurde und wir unseren

Aus dem Weg!

Das neue Fahrrad.

Aktionsradius erweitert und unsere Knie ausreichend abgeschürft hatten, war da schon wieder ein Kind aus unserer Gasse, das uns mit seinem neuesten Gefährt abhängte. Jetzt musste es ein Fahrrad sein! Die Naturtalente unter uns „stürzten" sich im wahrsten Sinne des Wortes damit auf die Straße und radelten schon nach kurzer Zeit dahin wie Eddy Merckx bei der „Tour de France". Manchen allerdings fiel der Übergang von drei auf zwei Räder trotz starken Willens etwas schwerer, deshalb bekamen wir zunächst „Stützräder" verordnet. Diese wurden links und rechts vom Hinterrad befestigt, und man hatte nun quasi ein Fahrrad-Dreirad. Nachdem wir mit diesem Zwitterwesen einige Wochen mehr oder weniger elegant die Gehsteige und Wege entlanggeschaukelt waren, kam der große Moment: Papa montierte die Stützräder wieder ab und meinte: „So, jetzt probier's mal!" Und wir probierten es!

Siehe da: Nach einigen Stürzen und blauen Flecken, und unter den heftigen Anfeuerungsrufen von Mama und Papa klappte es auch wunderbar! Und Radfahren hat einen großen Vorteil: Man verlernt es nie wieder!

Kindergeburtstag

Natürlich war das Weihnachtsfest der wundervollste Tag im ganzen Jahr, aber gleich an zweiter Stelle rangierte für uns Kinder ein weiterer Freudentag: unser Geburtstag.

Sobald wir alt genug waren, um mitzubekommen, dass wir nun wieder ein Jahr älter geworden waren, scheuten unsere Eltern keine Mühen, um diesen Tag gebührend zu würdigen! Oft stand schon zum Frühstück ein Strauß Blumen auf dem Tisch. Im Kindergarten durften wir dann die Geburtstagskrone tragen, und es wurde uns zu Ehren ein Lied gesungen. Nach dem Kindergarten nahmen wir unsere besten Freundinnen und Freunde mit nach Hause, wo schon ein festlich gedeckter Tisch auf uns wartete, mit Torte, Kerzen, Kakao – und Geschenken!

Am Geburtstag bekamen wir von den Geschwistern ein Ständchen gesungen!

Diese wurden natürlich sofort ausgepackt und ausgiebig ausprobiert. Manchmal kam es dabei zu mehr oder weniger wilden Streitereien, wenn unsere Spielkameraden unverhohlen neidisch auf unsere neuen Spielsachen schielten und vielleicht sogar damit spielen wollten, doch Mama gelang es immer wieder, diese kleinen Unstimmigkeiten zu schlichten – mit Zuckerln, einem neuen Spiel oder einer Eisbombe von Eskimo.

So wurde gespielt, gestritten, gegessen, bis unsere Freunde von ihren Eltern abgeholt wurden und wir – vollgestopft mit Kuchen und Süßigkeiten und todmüde – ins Bett fielen. Von uns aus hätte ruhig jeden Tag Geburtstag sein können! Unsere Eltern waren wahrscheinlich heilfroh, dass der Kindergeburtstag nur einmal im Jahr stattfand!

Am Geburtstag gab es für uns Kinder eine festliche Kaffeetafel.

Musik in den sechziger Jahren

Wohl kaum ein Jahrzehnt war für die Entwicklung der populären Musik so fruchtbringend wie die Sechziger. Aus dem Rock 'n' Roll der fünfziger Jahre entwickelten sich neue Musikstile, die über die Jahrzehnte prägend blieben, Gruppen und Sänger traten zum ersten Mal in die Öffentlichkeit, deren Namen sich tief ins Kulturleben einprägten und die teilweise sogar noch heute existieren.

Die Beatles veröffentlichten 1962 ihre erste Single „Love me do" und sollten in den wenigen Jahren bis zu ihrer Trennung im April 1970 über 600 Millionen Schallplatten verkaufen und zeitweise weltweit die Hitparaden anführen. Ihre innovativen Ideen und ihr unkonventionelles Herangehen an das Medium Popsong (zum Beispiel komplette Songs nur mit Begleitung durch ein Streichquartett, oder der Einsatz rückwärts gespielter Tonbänder) machten sie zum Vorbild für die nachfolgenden Generationen an Musikern.

Die Pilzköpfe 1965.

The Rolling Stones 1967.

Pink Floyd, die 1965 gegründet wurden, gehören zu den bekanntesten und erfolgreichsten Vertretern des so genannten „Psychedelic Rock", eines Musikstils, der sehr stark vom Drogenkonsum der Musiker und ihres Publikums beeinflusst war. Später entwickelten „The Floyd" ihren Musikstil weiter und füllten in den achtziger Jahren ganze Fußballstadien mit ihrer Live-Show „The Wall". Ihren letzten gemeinsamen Auftritt absolvierten die nun schon etwas angegrauten Herren übrigens erst 2005!

Apropos angegraute Herren: Wenn man von der Musik der Sechziger spricht, kann man außer an Lennon/McCartney natürlich auch an Jagger/Richards nicht vorbei! Richtig: The Rolling Stones, gegründet 1962, die sich als die „bösen" Antipoden zu den „braven" Beatles stilisierten und noch heute musizierend durch die Lande ziehen, obwohl ihnen auch schon zwei Mitglieder in den Rock-Himmel abhanden gekommen sind.

Am 11. April 1961 absolvierte in New York ein junger Folksänger namens Robert Zimmermann seinen ersten öffentlichen Auftritt und sollte nur kurze Zeit später als Bob Dylan zu einer Ikone der sechziger Jahre werden, zusammen mit seiner guten Freundin Joan Baez.

Jimi Hendrix, Janis Joplin, The Doors, Iron Butterfly, Procol Harum – eine Liste der bekannten Künstler und Gruppen von damals könnte allein dieses Buch füllen!

Später konnten wir uns Santana sogar live anhören!

1966–1969

Der erste Schritt hinaus in die Welt

Der erste Schultag.

Abc-Schützen

Wir waren mittlerweile sechs Jahre alt. Eines schönen Tages, Anfang September, zog Mama uns unsere besten Kleider an, wir bekamen eine nagelneue Schultasche auf den Rücken gehängt und eine bunte Schultüte in die Hand gedrückt. Unser erster Schultag war da! Während des ganzen vergangenen Jahres hatten uns sämtliche Bekannten und Verwandten gefragt, ob wir uns denn schon auf die Schule freuten. Wir hatten zwar keine genaue Vorstellung davon gehabt, was uns in dieser „Schule" erwarten würde, hatten aber brav bejaht, wie es sich gehörte. Nun sollten wir also kennen lernen, worauf wir uns da eingelassen hatten!

An Mamas Hand marschierten wir zu einem großen Gebäude mitten in der Stadt, begleitet von einer Unmenge anderer Kinder, ebenfalls in Begleitung ihrer Eltern. Etliche davon weinten und zeigten keine große Begeisterung über diesen neuen Lebensabschnitt, andere konnten es offenbar kaum erwarten, dass es jetzt endlich mit dem Lernen losging.

Chronik

19. Jänner 1966

Indira Gandhi wird zur ersten Premierministerin Indiens gewählt.

5. März 1966

Udo Jürgens gewinnt mit dem Lied „Merci Chérie" den Grand Prix für Österreich.

8. April 1966

Leonid Breschnew wird zum Generalsekretär der KPdSU ernannt.

8. September 1966

In den USA hat die Fernsehserie Star Trek (Raumschiff Enterprise) ihre TV-Premiere.

5. Juni 1967

Zwischen Israel und seinen Nachbarstaaten beginnt der so genannte „Sechstagekrieg".

9. Oktober 1967

Che Guevara wird erschossen.

3. Dezember 1967

Der Chirurg Christiaan Barnard führt in Kapstadt die erste erfolgreiche Herztransplantation durch.

4. April 1968

Martin Luther King wird in Memphis, Tennessee bei einem Attentat getötet.

21. August 1968

Der Einmarsch von Truppen des Warschauer Pakts beendet den so genannten „Prager Frühling".

5. November 1968

Richard Nixon wird zum 37. Präsidenten der Vereinigten Staaten gewählt.

21. Juli 1969

Neil Armstrong betritt als erster Mensch den Mond.

15. Oktober 1969

250 000 Menschen protestieren in Washington gegen den Vietnamkrieg.

29. Oktober 1969

In der University of California in Los Angeles wird die erste Textnachricht über zwei Rechner verschickt – die Geburt des Internet.

Wir waren weder ängstlich noch begeistert, allenfalls erfüllt von einer milden Neugier auf die Dinge, die uns erwarteten. Natürlich wussten wir schon, dass es dort eine Lehrerin oder einen Lehrer geben würde, der uns Lesen, Schreiben und Rechnen beibringen würde, hatten auch selber vielleicht daheim schon mit unseren Geschwistern Schule gespielt, aber von der echten Sache an sich hatten wir natürlich noch keine Ahnung gehabt. Jetzt hieß es also, den ganzen Vormittag still sitzen, lange Buchstabenreihen ins Heft malen und von Mama, Mimi und Momo lesen. Manchmal fanden wir das lustig, manchmal

Unsere Klasse – damals noch streng nach Buben und Mädchen getrennt!

nicht. Manchmal waren unsere Lehrer nett, manchmal nicht. Damit mussten wir zurechtkommen. Es gab Kinder in der Klasse, mit denen wir uns gut verstanden, es gab Kinder in der Klasse, bei denen das nicht der Fall war, die manchmal sogar auf uns losgingen. Auch damit mussten wir zurechtkommen. Es gab Kinder in der Klasse, die „Schlüsselkinder" oder „Hortkinder“ waren. Damals bedeutete das oft, dass es bei diesen Kindern zuhause nicht gut bestellt war, dass die Mutter arbeiten gehen musste, weil der Vater gestorben oder davongegangen war. Förderunterricht oder Sonderbetreuung waren zu jener Zeit noch kein Thema. Wer den Lehrstoff schaffte, stieg in die nächste Klasse auf, wer nicht – blieb sitzen. Aber die meisten von uns schafften es und wurden recht ordentliche Taferlklassler.

Ein festlicher Tag

Mittlerweile waren wir sieben Jahre alt, gingen in die zweite Klasse und hatten seit Wochen nur noch ein Gesprächsthema: unsere Erstkommunion. In der Religionsstunde lernten wir viel über Jesus und das letzte Abendmahl und dass wir dieses geheimnisvolle Mahl nun auch bald zum ersten Mal erhalten sollten. Unsere Eltern zogen mit uns aus und besorgten uns einen schicken Anzug oder ein wunderschönes weißes Kleidchen, neue Schuhe – für die Mädchen natürlich ebenfalls weiß – und eine große weiße Kerze. So ausstaffiert marschierten wir am ersten Sonntag nach Ostern in Zweierreihen in die Kirche und waren eigentlich schrecklich nervös. Am Vortag hatten wir unsere erste Beichte ablegen müssen, was auch keine sehr angenehme Angelegenheit war, denn mit sieben Jahren hat man ja nicht unbedingt viel zu beichten. Wir mussten dem Herrn Pfarrer aber trotzdem etwas erzählen – die Welt kann auch für einen Siebenjährigen schon sehr kompliziert sein. In der Kirche konnten wir es kaum erwarten, endlich unsere erste Kommunion zu erhalten, die Spannung ließ uns auf den Kirchenbänken herumrutschen. Dann hieß es vortreten, den Mund aufsperren und die erste Hostie unseres Lebens kosten. Und verglichen mit dem ganzen Hochgefühl des Tages, den schönen Kleidern, den vielen Leuten um uns herum, waren wir wahrscheinlich fast … ein bisschen enttäuscht. Doch das gemeinsame

Unser erster schwarzer Anzug!

Essen nach der Messe und der anschließende Ausflug ließen uns die Ernüchterung rasch wieder vergessen, und als wir abends zu Bett gingen, taten wir das in dem Gefühl, einen großen Tag erlebt zu haben. Wohin uns unser Weg später auch noch führte, ob näher zur Kirche oder weit weg von aller Religion: Den Tag unserer Erstkommunion behielten wir immer in schöner Erinnerung!

Voller Stolz bei der Erstkommunion.

Hippies und Flower-Power

Männer mit langen Haaren, wallenden Batikgewändern und Blumen im Haar? Räucherstäbchen, Gitarren und Lieder am Lagerfeuer? Jesuslatschen und ausgefranste Jeans? Es gibt wohl niemanden, der bei diesen Schlagwörtern nicht sofort an Hippies denkt!

Die Hippies waren wohl die bestimmende Jugendbewegung der sechziger Jahre – zwar wahrscheinlich hauptsächlich in Amerika, von wo diese Bewegung auch ihren Ausgang nahm, aber in abgeschwächter Form und mit etwas Verspätung schwappte die Welle auch nach Europa und Österreich über.

Wer waren diese Hippies? Vom Rest der Bevölkerung wurden sie wohl hauptsächlich als Aussteiger und „Gammler" betrachtet. Das waren sie auch – aber eben nicht ausschließlich! Tatsächlich verweigerten sie sich den geltenden Gesellschaftsnormen und -regeln, jedoch nicht, ohne ihren eigenen Gegenentwurf zu eben dieser Gesellschaft in die Welt zu setzen, der darin bestand, zu einer menschlicheren, friedlicheren und weniger leistungsorientierten Lebensart zu finden. Der so von den Zwängen des täglichen Lebens befreite Geist des Menschen sollte zu höheren Wahrnehmungs- und Daseinsebenen aufsteigen und dort seine Erfüllung finden. Vielen ging dieser Aufstieg allerdings nicht schnell genug und wurde deshalb durch bewusstseinserweiternde Drogen wie LSD oder Marihuana unterstützt, erst legal, dann, nachdem Drogenkonsum verboten war, im Untergrund. Kommunen wurden vor allem in ländlichen Gebieten gegründet, in denen das gemeinschaftliche Leben nach vollkommen eigenen Regeln vonstattenging, ohne Besitzansprüche des Einzelnen an den gemeinsamen Gütern oder ohne strenge Regeln für Partnerschaften oder Ehe – Stichwort: „Freie Liebe". Auch waren die Hippies ein tragendes Element der – besonders in den USA – sehr stark gegen den Vietnam-Krieg auftretenden Friedensbewegung. Deshalb wurde ihnen auch oft das Etikett „Kommunisten" umgehängt, was sie allerdings ebenfalls nicht waren.

Unsere schöne, neue Puppe!

Spiel und Spaß

Natürlich bestanden unsere Tage nicht nur aus Schule! Nachmittags, wenn wir gegessen und mehr oder weniger brav unsere Hausaufgaben erledigt hatten, ging es ans Spielen! Wohnten wir in eher ländlicher Gegend, so schwangen wir uns auf unsere Fahrräder oder Tretroller und machten mit unseren Freunden die Gasse unsicher. Keiner von den Erwachsenen wusste, wo wir uns herumtrieben, die einzige Bedingung war, bei Anbruch der Dunkelheit wieder daheim zu sein. Wir waren in den Wiesen und Wäldern unterwegs, kletterten auf Bäume, ließen in den Bächen Schiffchen schwimmen und spielten Räuber und Gendarm. Wenn die Sonne unterging, machten wir uns auf den Heimweg.

Wohnten wir in der Stadt, war das Ganze schon nicht mehr so einfach: Natürlich gab es Parks oder Spielplätze, aber in Ersteren herrschten oft sehr strenge Regeln wie „Fußballspielen verboten", „Lärmen verboten", „Betreten des Rasens verboten", etc.; Letztere waren oft von den „Großen" belegt, die uns Kleineren das Leben ganz schön schwer machten! Gab es nichts von alledem in der Nähe, blieb nur mehr der so genannte „Hof" zum Spielen übrig, eine meist eher mickrige Grünfläche zwischen den Hochhäusern unserer Nachbarschaft. Mit etwas Glück waren wenigsten ein Klettergerüst oder eine Schaukel aufgestellt, aber meist war da nur Rasen. Noch dazu

Mit dem Hüpfball kamen wir auch in der Wohnung zu unserer Bewegung!

Selten genug hatte Papa einmal Zeit, um mit uns zu spielen.

musste man sich beim Spielen sehr leise verhalten, denn sonst schimpfte gleich wieder irgendein Erwachsener beim Fenster herunter. Und nachdem Hochhaussiedlungen auch in den sechziger Jahren schon ein ziemlicher soziologischer Schmelztiegel waren, gab es natürlich auch dort die obligatorischen Rüpel, die sich eine Freude daraus machten, den schwächeren Kindern den Fußball oder Roller, manchmal sogar den überlebenswichtigen Hausschlüssel wegzunehmen. Kein Wunder, dass wir viel Spielzeit in der Wohnung zubrachten!

Aber es gab ja auch für drinnen jede Menge Spielzeug! Der absolute Klassiker waren natürlich unsere LEGO-Steine, mit denen wir stundenlang die tollsten Bauwerke, Fahrzeuge und Figuren zusammenbauten. Mehr ins Künstlerische ging es mit dem Ministeck-Spiel, bei dem es galt, mit bunten Steckern auf einem weißen Plastikraster möglichst kunstvolle und bunte Mosaikbilder zu stecken. Als Mädchen spielten wir mit unseren Puppen, als Buben mit unseren Matchbox-Autos. Hin und wieder durften wir uns auch vor den Fernseher setzen.

Was läuft im Fernsehen?

Drei unzertrennliche Freunde – und unsere Freunde!

Für uns Kinder gab es schon einiges in der Flimmerkiste zu sehen: An erster Stelle stand natürlich der unverwüstliche Kasperl, der jeden Mittwoch seinen großen Auftritt hatte, meist zusammen mit seinen Freunden Pezi oder Strolchi – viel hat sich da bis heute nicht geändert! Der tapfere Collie Lassie rettete auch schon in jeder Folge mindestens ein Menschenleben und das „Betthupferl" bildete für alle Kinder den

Abschluss des Tages. Mit dem Delphin „Flipper" lernten wir erstmals die exotische Unterwasserwelt des Atlantiks kennen, und „Pippi Langstrumpf" zeigte uns, dass man sich vor niemandem zu fürchten brauchte, wenn man das stärkste Mädchen der Welt war!

Und am 21. Juli 1969 saßen ohnehin ganze Familien, Viertel, Städte und Länder gebannt vor den Fernsehschirmen und warteten stundenlang auf den „kleinen Schritt", mit dem Neil Armstrong als erster Mensch die Oberfläche des Mondes betrat. Damit war das Fernsehen wohl endgültig in unseren Stuben angekommen, und rückblickend betrachtet war es doch damals noch eine wunderbar harmlose und heile Welt, die über die kleinen Röhrenschirme flimmerte, oder?

Der Adler ist gelandet – Apollo 11 auf dem Mond

Wohl kein Ereignis zog im Jahr 1969 die Menschen so in seinen Bann wie die Mondlandung von Apollo 11 am 20./21. Juli 1969. Präsident Kennedy hatte 1961 verkündet, bis zum Ende des Jahrzehnts „einen Menschen zum Mond und sicher wieder zurückzubringen, und seither hatte die NASA mit Hochdruck daran gearbeitet, diese Ankündigung wahr zu machen. Unsummen an Geld und Unmengen an Material wurden verschlissen, bis endlich am 16. Juli 1969 die schwere Saturn-V-Trägerrakete von Cape Canaveral in Florida startete, an Bord die drei Astronauten Armstrong, Aldrin und Collins. Nach einem problemlosen Flug zur Mondumlaufbahn steuerten Armstrong und Aldrin die Mondlandefähre zum Landeplatz auf der Mondoberfläche, dem „Mare Tranquillitatis", wo sie am 20. Juli (durch die Zeitverschiebung zählte man bei uns in Österreich bereits den 21. Juli) beinahe federleicht aufsetzte. Armstrong verkündete die erfolgreiche Landung mit den berühmt gewordenen Worten: „The eagle has landed – der Adler ist gelandet!" Etwa zwei Stunden später betrat er als erster Mensch den Mond und prägte dabei den mittlerweile ebenfalls fast sprichwörtlichen Satz: „Ein kleiner Schritt für einen Menschen, aber ein großer Sprung für die Menschheit." Der Flug zum Mond und die Landung auf dem Erdtrabanten waren zur damaligen Zeit ein rekordverdächtiges Medienereignis: Man schätzt, dass etwa 600 Millionen Menschen live mitverfolgt haben, wie Neil Armstrong den Mond betrat. Fernsehstationen auf der ganzen Welt sendeten rund um die Uhr, auch der Österreichische Rundfunk übertrug das Abenteuer in einer über 28-stündigen Livesendung, die durchgehend (!) von dem Mediziner Herbert Pichler moderiert wurde.

Buzz Aldrin beim Hissen der amerikanischen Flagge auf dem Mond.

Onkel Donald und Konsorten

Wir hatten nun glücklich schreiben und lesen gelernt und sollten diese Fähigkeiten natürlich auch nutzbringend einsetzen: Zu diesem Zweck gab es zu Weihnachten und zum Geburtstag neben den obligatorischen Spielsachen auch jede Menge Bücher, die wir gerne lasen. Aber da war noch diese andere Lektüre, die uns viel mehr interessierte, da sie diesen wunderbaren Hauch des Verbotenen an sich hatte: Comics! Die Welt der bunten Bildchen übte eine unwiderstehliche Anziehungskraft auf uns aus, und so mancher Schilling unseres Taschengelds wanderte statt in die Sparbüchse in die Kassenlade des Trafikanten. Dann verkrochen wir uns in eine Ecke und folgten mit roten Ohren und schlechtem Gewissen den Abenteuern von Mickey Mouse, Donald, Goofy, Fix und Foxi und wie sie sonst noch alle heißen mochten! Genüsslich ließen wir uns die lautmalerischen Sätze auf der Zunge zergehen, „Ächz", „Keuch" und „Stöhn" wurden fixer Bestandteil unserer Unterhaltungen mit unseren Freunden und anstatt Räuberbanden gründeten wir Geheimklubs.
Nur eines geschah nicht: Wir wurden nicht dümmer, wie es uns von Eltern und Lehrern prophezeit worden war. Da es immer eine uns wohlgesinnte Tante gab, die den Sinn eines Comic-Verbots partout nicht einsehen wollte, riss auch unser Nachschub nicht ab, und irgendwann hatten auch unsere Eltern ein Einsehen und erlaubten uns endgültig den Genuss der bunten Heftchen.

Die Hausaufgaben konnten ruhig noch ein bisschen warten.

Mama im Kreis ihrer Lieben.

Der besten Mama der Welt

Unsere Eltern waren natürlich das ganze Jahr hindurch die besten der Welt, aber an zwei Tagen im Jahr wurden sie ganz besonders gewürdigt: am Mutter- und am Vatertag. Schon Wochen im Voraus wurde in Schule und Kindergarten gebastelt, Kärtchen wurden bemalt und beschrieben, und nur mit größter Mühe gelang es uns, unser Geheimnis bis zu dem großen Tag für uns zu behalten. War er dann endlich da, half uns Papa dabei, früher als gewohnt aufzustehen und den Festtagstisch vorzubereiten. Mama wartete pflichtschuldigst im Bett, bis wir mit dem Frühstück für sie fertig waren und war natürlich vollkommen überrascht und hocherfreut, als wir mit dem Tablett neben ihr auftauchten. Jedes Jahr waren unsere Geschenke natürlich das Schönste, was Mama jemals bekommen hatte, und unsere Kärtchen und Gedichte wurden brav in einer Schublade aufgehoben. Mittags ging es dann oft ins Gasthaus, und am Nachmittag wurde ein kleiner Ausflug gemacht.

Ein paar Wochen darauf wiederholte sich das Ganze unter umgekehrten Vorzeichen, denn da war Vatertag. Und auch Papa blieb gar nichts anderes übrig, als uns einfach für die liebsten Kinder der Welt zu halten! Das waren wir doch auch, oder ..?

Drei Tage Liebe und Musik – das Festival von Woodstock

Woodstock – mit diesem kleinen Ort im amerikanischen Bundesstaat New York ist alles verbunden, was aus heutiger Sicht für die damalige Zeit steht: Die Hippiebewegung, Musik, Drogen, Gewaltfreiheit und Unabhängigkeit.

Dabei hatte das Festival ursprünglich mit diesen Begriffen nicht viel zu tun, denn eigentlich wollte der Veranstalter, ein junger Musikproduzent namens Michael Lang, mit den Einnahmen nur sein neues Aufnahmestudio finanzieren. Zusammen mit einem Freund und zwei jungen Unternehmern gründete er die „Woodstock Ventures“, und am 15. August 1969 sollte die Veranstaltung auf dem 243 Hektar großen Gelände des Farmers Max Yasgur stattfinden.

Lang und seine Partner hatten ursprünglich mit circa 60 000 Besuchern gerechnet, tatsächlich machte sich beinahe eine Million junger Menschen auf den Weg, von denen allerdings nur etwa 400 000 das Gelände auch tatsächlich erreichen sollten. Trotzdem lief das Festival von Beginn an völlig aus den Fugen: Da viel zu wenig Eintrittskarten aufgelegt worden und auch die Absperrungen bald niedergetrampelt waren, wurde das Konzert für frei erklärt. Da es an diesem Wochenende auch teils heftig regnete, waren die hygienischen Zustände katastrophal. Die Essensversorgung verlief improvisiert, Verpflegung musste wegen der verstopften Zufahrtsstraßen mit dem Hubschrauber eingeflogen werden.

Unter dem Strich war das Festival für die Veranstalter vorerst ein finanzieller Misserfolg, erst durch die kommerzielle Verwertung mittels Film und Schallplatte konnte ein Gewinn erwirtschaftet werden.

Insgesamt traten 32 Gruppen und Solisten auf der Bühne auf, darunter Jimi Hendrix, Janis Joplin, Santana, Joe Cocker, The Who, Blood, Sweat and Tears und Arlo Guthrie. Durch das schlechte Wetter, die chaotische Organisation und teilweise wohl auch übermäßigen Konsum von auf dem Gelände frei verkauftem Mescalin und LSD waren viele der Künstler nicht mit ihren Auftritten zufrieden – manche von ihnen spielten um drei oder vier Uhr morgens vor großteils schlafendem Publikum!

Trotzdem gilt Woodstock heute als musikalischer Höhepunkt der Hippiebewegung, das Fest verlief absolut gewaltfrei und wurde für viele der dort aufgetretenen Musiker zum Sprungbrett ihrer späteren Karriere.

Love, peace and music: Woodstock im August 1969.

1970–1973

Wir werden zweistellig

Scheidewege

Unsere Volksschulzeit näherte sich ihrem Ende und damit kam eine grundsätzliche Entscheidung auf uns und unsere Eltern zu: Hauptschule oder Gymnasium? Die Wahl war damals wie heute nicht einfach, bedeutete sie doch eine Weichenstellung für unser ganzes weiteres Leben. Sicher, einige von uns wussten schon ganz genau – soweit man es als zehnjähriger Knirps genau wissen kann –, dass sie Automechaniker oder Friseurin werden wollten, aber das war die Minderheit. Der große Rest hatte noch keine Vorstellung davon, wie es mit unserem Leben weitergehen sollte, und so trafen unsere Eltern zusammen mit unseren Lehrern die Wahl. Hatten wir uns in den Schulfächern eher geschickt ange-

Die Grundschulzeit ging zu Ende.

Chronik

1. März 1970

Die SPÖ unter Bruno Kreisky wird stärkste Partei in Österreich, ab 1971 dann mit absoluter Mehrheit.

18. September 1970

Der Gitarrist Jimi Hendrix stirbt an den Folgen seines Drogenkonsums.

17. November 1970

Der amerikanische Erfinder Douglas C. Engelbart erhält ein Patent auf die Computermaus.

25. Jänner 1971

Idi Amin übernimmt durch einen Putsch die Macht in Uganda.

14. Oktober 1971

Greenpeace wird gegründet.

11. November 1971

John Lennon veröffentlicht das Lied „Imagine".

1. Jänner 1972

Kurt Waldheim wird Generalsekretär der „Vereinten Nationen".

1. Februar 1972

Die Firma Hewlett-Packard bringt mit dem HP-35 den ersten wissenschaftlichen Taschenrechner auf den Markt.

5. September 1972

Es kommt zu einer blutigen Geiselnahme bei den Olympischen Spielen in München.

27. Jänner 1973

Ein Waffenstillstand zwischen den USA und Nord-Vietnam wird geschlossen.

4. Juni 1973

Der Geldautomat wird patentiert.

6. Oktober 1973

Der Jom-Kippur-Krieg zwischen Ägypten, Syrien und Israel beginnt und führt zum ersten Ölpreisschock in Österreich.

Klassenausflug mit den neuen Mitschülern.

stellt, wurde beschlossen, uns auf das Gymnasium zu schicken. Die Aufnahmeprüfung für die AHS sollte erst unter der Regierung Kreisky im Jahr 1971 abgeschafft werden und stellte durchaus eine ernst zu nehmende Hürde auf dem Weg zu höherer Bildung dar. So waren es oft nur einige Kinder aus einer Klasse, die diesen Weg einschlugen. Damit einher ging natürlich auch der Abschied von unseren Klassenkameraden, mit denen wir vier Jahre lang durch dick und dünn gegangen waren, lagen die höheren Schulen doch meist in einem anderen Stadtteil oder gar im Nachbarort.

Waren wir in der Volksschulzeit noch zu Fuß in die Schule gepilgert, so galt es nun, mit dem Autobus oder der Straßenbahn zu fahren, wenn wir rechtzeitig in unsere neue Schule kommen wollten. Das war eine lustige Sache, denn nachdem wir in der neuen Klasse die ersten Bekanntschaften geschlossen hatten, stellte sich bald heraus, dass wir oft einen gemeinsamen Schulweg hatten. Und so verabredete man sich morgens an der Haltestelle, um gemeinsam in den Tag zu starten – oder noch schnell die vergessene Hausübung miteinander zu erledigen!

Jetzt war Büffeln angesagt.

Lernstress – die Anforderungen steigen

In der höheren Schule – besonders wenn man aufs Gymnasium ging – wurden natürlich ungleich höhere Anforderungen an uns gestellt, als wir sie von der Volksschule her gewohnt waren. Mancher Frischling hatte damit schwer zu kämpfen. Es gab nicht mehr nur einen oder zwei Lehrerinnen oder Lehrer wie in den ersten vier Jahren, sondern in jedem Fach hatte man es plötzlich mit einem neuen Gesicht zu tun, und nicht jeder Lehrer war gewillt, sich mit dem entsprechenden Einfühlungsvermögen auf die neuen Sprösslinge einzulassen. Sein eigenes Fach war natürlich für den unterrichtenden Lehrer das wichtigste im ganzen Lehrplan, und so stand man als Schüler der Mittelstufe unvermittelt vor einer gigantischen Menge an Lernstoff, den es zu bewältigen gab. Der Unterricht dauerte um einige Stunden länger als in der Volksschule, und kam man dann nach Hause, hieß es gleich nach dem Essen, sich auf den Hosenboden zu setzen, um die ganzen Hausaufgaben zu erledigen. Der Nachmittag war auf einmal viel zu kurz, mit Hinauslaufen und Spielen wurde es oft nichts mehr. Und wehe, man blieb in einem Fach zurück: Dann brachte die neue Schule plötzlich so unangenehme Dinge mit sich wie Nachhilfe und die gefürchtete Nachprüfung, liebevoll „Nachzapf" genannt. Sollte man daran schließlich auch noch scheitern, hieß das, die Klasse zu wiederholen. Hatte man im Jahreszeugnis in einem der Hauptfächer einen „Fleck" oder „Pinsch", also einen Fünfer, dann bedeutete das „zurück an den Start", ohne große Rücksichtnahme auf Klassengemein- oder Freundschaften. Manch einer fühlte sich in der neuen Klasse durchaus wohl, andere hadern bis heute damit, zu dieser „Ehrenrunde" gezwungen worden zu sein.

Bruno Kreisky

Bruno Kreisky, am 22. Jänner 1911 in Wien geboren, übernahm 1967 den Parteivorsitz der SPÖ, die er in den Nationalratswahlen von 1970 zur relativen Mehrheit führte. Bei den vorgezogenen Wahlen 1971 erreichte die SPÖ die absolute Mehrheit, und die lange Regierungszeit des „Sonnenkönigs", wie er von den Österreichern liebevoll genannt wurde, begann.

Unter seiner Ägide wurde der Wohlfahrtsstaat umfassend ausgebaut. Ein besonders wichtiges Anliegen – neben der von ihm stets angestrebten Vollbeschäftigung – war Bruno Kreisky der erleichterte Zugang zur Bildung für jedermann. Er schaffte die Studiengebühren ab, führte Gratisschulbücher und Schülerfreifahrt ein und strich die Aufnahmeprüfungen ins Gymnasium.

Mit Anfang 1975 wurde die Wochenarbeitszeit auf 40 Stunden verkürzt.

Nicht unumstritten war die Einführung der Fristenregelung 1973, die den Schwangerschaftsabbruch innerhalb der ersten drei Monate straffrei stellte.

Eine erste Niederlage musste Kreisky 1978 hinnehmen, als eine knappe Mehrheit der österreichischen Bevölkerung sich in einer Volksabstimmung gegen die Inbetriebnahme des bereits gebauten Atomkraftwerks Zwentendorf aussprach.

Zur Bekämpfung der Rezession nahm er auch erhöhte Budgetdefizite in Kauf. 1980 hatten die Staatsschulden den neunfachen Wert von 1970 erreicht. Trotzdem galt Österreich nach wie vor als wirtschaftliches „Musterland".

Nachdem die SPÖ bei den Wahlen von 1983 von der absoluten auf die relative Mehrheit zurückfiel, trat Bruno Kreisky als Bundeskanzler zurück und verließ die Innenpolitik. Bruno Kreisky starb 1990 und wird heute noch als einer der beliebtesten und einflussreichsten Politiker Österreichs in der Nachkriegszeit wahrgenommen.

Bruno Kreisky

Lustig ging's her im Ferienlager.

Muss i denn zum Städtele hinaus ...

Für die großen Sommerferien hatten unsere Eltern beschlossen, dass sie einmal zwei Wochen Ruhe von uns brauchten. Hatten wir noch rüstige Großeltern, wurden wir zu denen verfrachtet. Waren Oma und Opa allerdings nicht mehr imstande, sich um uns Rabauken zu kümmern, blieb als letzte Alternative nur noch das Ferienlager, in das wir geschickt wurden. Wir fanden das ja meist ganz lustig: Zwei Wochen spielen, lange wach bleiben, Gruselgeschichten am Lagerfeuer hören und im See baden – das verhieß durchaus jede Menge Spaß.

So bestiegen wir eines schönen Sommermorgens mit vielen anderen Kindern den Bus oder Zug, ausgestattet mit einem Rucksack, der unsere Habseligkeiten enthielt, ein bisschen Taschengeld und vielen guten Ratschlägen und Ermahnungen. Im Lager angekommen wurden wir von den Betreuern, die meistens sehr nett waren, begrüßt und in die Zimmer verteilt. Nach einer ersten Nacht mit ein bisschen Heimweh konnte das Vergnügen am nächsten Morgen losgehen: Wir machten Wanderungen, spielten Schatzsuche im Wald, tauchten im Badesee, bis wir ganz aufgeweicht waren, grillten Würstel am Lagerfeuer – und erlebten unseren ersten Urlaubsflirt! Nachts, wenn unsere Betreuer ahnungslos in ihren Betten schliefen, machten wir uns auf in die Unterkünfte des jeweils anderen Geschlechts und vergnügten uns dort – noch immer mehr oder weniger harmlos – bis in die frühen Morgenstunden. Zum Abschluss des Ferienlagers wurde meist eine Party veranstaltet, auf der wir noch einmal eng umschlungen mit unserem Schatz tanzen konnten, gefolgt von dem Versprechen, einander mindestens jeden Tag zu schreiben! Eine Zeit lang hielten wir dieses Versprechen sogar ein, aber Urlaubsliebeleien überleben selten lange den Alltag. So blieben uns nur Briefe und eine langsam verblassende, schöne Erinnerung an jene Sommertage voll Spaß und Verliebtheit.

Von Lennon bis Jürgens – wir hören Musik

Musik hatte uns eigentlich unser ganzes Leben lang begleitet – angefangen von der Spieluhr über unserem Gitterbett, die mit größter Wahrscheinlichkeit Brahms' „Wiegenlied" gespielt hatte, über die Hausmusik, die wir manchmal bei unseren Eltern miterlebt hatten, bis zu den Liedern, die sich unsere größeren Geschwister im Radio oder auf dem Plattenspieler angehört hatten. Bis dahin hatten wir diese Musik wahrscheinlich eher passiv konsumiert, manches hatte uns vielleicht gefallen, aber sie war halt einfach da als permanentes Hintergrundgeräusch unserer Umgebung.

Mit dem Übertritt in die höhere Schule und den damit verbundenen neuen Kontakten zu unseren Mitschülern änderte sich das plötzlich, und wir begannen, einen eigenen Musikgeschmack zu entwickeln. Die sechziger und siebziger Jahre waren ja musikalisch vielfältig wie keine Zeit davor, und die Auswahl kam vielzähligen musikalischen Vorlieben entgegen. Die Rolling Stones, die 1971 ihr vielbeachtetes Album „Sticky fingers" veröffentlichten, waren uns mit zwölf oder dreizehn Jahren wahrscheinlich noch zu wild, Yes' oder Pink Floyd eher zu anspruchsvoll, aber von den Beatles gefiel uns vielleicht schon der eine oder andere Song. Als Mädchen schwärmten wir höchstwahrscheinlich für Marc Bolan, dem Leadsänger der Band T. Rex, die 1971 gerade mit ihrem Hit „Get it on" in den Hitparaden vertreten war. Als Buben waren wir erstens auf Herrn Bolan eifersüchtig und hörten zweitens lieber „Have you ever seen the rain" von CCR – diese Gruppe erschien uns auch viel männlicher! Auf „Chirpy Chirpy Cheep Cheep" konnten sich beide Geschlechter einigen. Die ganz Beneidenswerten unter uns konnten schon ihren eigenen kleinen Kofferplattenspieler ihr Eigen nennen, den wir entweder von unseren großen Geschwistern geerbt oder in einem Anfall von finanziellem Leichtsinn von unseren Eltern bekommen hatten – vielleicht auch als Trost für den nie erhaltenen Hund. Das Taschengeld wurde fleißig gespart, und wenn genug in der Spardose beisammen war, wanderten wir in den Schallplattenladen und erwarben die neueste Single unserer Lieblingssänger. Für eine ganze Langspielplatte reichte es meist nur zum Geburtstag oder zu Weihnachten.

Wir stöberten in Plattenläden nach den Scheiben unserer Lieblingsbands.

Unsere Eltern lauschten da lieber Peter Alexander, der 1971 „Hier ist ein Mensch" schmetterte, oder Udo Jürgens. Die Wagemutigeren unter ihnen interessierten sich vielleicht schon für den gerade im Aufkommen befindlichen Austro-Pop, und so lernten wir einen jungen Mann namens Wolfgang Ambros kennen, der die Geschichte vom „Hofa" erzählte, der als Toter noch als Mörder verdächtigt wird. Wir summten die Melodie vom „Trödler Abraham" und segelten mit den Les Humphries Singers nach „Mexico". Die Musik war damals so bunt wie die Kleider!

Gitarrenunterricht stand hoch im Kurs!

Allegro ma non troppo!

Wir waren aber nicht nur passive Konsumenten von Musik, schließlich lebten wir im „Musikland" Österreich! Und im Lande eines Mozart und Beethoven und einer immensen Dichte an Musikschulen war es üblich, dass auch wir Kinder ein Instrument erlernten. Sicher, von der Volksschule her konnten wir alle mit einer Blockflöte umgehen, aber für viele von uns reichte das nicht aus. Vielleicht stand ja bei der Großmutter ein Klavier im Wohnzimmer oder unsere Eltern spielten selbst Geige, Akkordeon oder ein Instrument in einer der vielen Blaskapellen vor allem auf dem Land. Auf alle Fälle wollten – oder sollten – wir auch etwas erlernen. Und nachdem die Wahl einmal auf das gewünschte Instrument gefallen war, ging es einmal in der Woche ab in die Musikschule oder zur Blaskapelle. Zu Hause wurde dann mehr oder weniger fleißig geübt, und schon nach einigen Monaten wurden Tanten und Onkel, die uns besuchen kamen, mit einem Konzert beglückt!

Hatten wir – oder unsere Eltern – das richtige Instrument ausgesucht, blieb uns die Freude damit unser ganzes Leben lang erhalten. War es das falsche gewesen, landete es, nach immer mühsameren Lernfortschritten, oft in einer Ecke, um nie mehr hervorgeholt zu werden.

Der große Moment!

Aber vielleicht lag unsere Begeisterung für Musik ja auch in einer ganz anderen Richtung, und wir besuchten eine Ballett- oder Tanzschule? Auch da gab es viel zu üben, aber als Ergebnis der ganzen Plage winkte immerhin so mancher Auftritt auf der Bühne!

Ein tüchtiger Körper

Schifoan!

Als Buben konnten wir natürlich nicht Ballett tanzen – aber unsere Beine konnten wir trotzdem gut gebrauchen: auf der Jagd nach dem runden Leder zum Beispiel! Etliche Stunden unserer Kindheit und Jugend wurden auf dem Fußballplatz zugebracht, und während wir verschwitzt und dreckig über den Rasen hetzten, träumten wir heimlich davon, eines Tages so berühmt wie Pélé oder Beckenbauer zu werden. Wenn wir nicht gerade Toni Polster hießen, gelang es jedoch nur den wenigsten von uns. Aber wir hatten wenigstens Spaß!

Eine andere sportliche Karriere konnten wir in Österreich natürlich auch als Ski-Rennläufer anstreben, und so stürzte sich mancher von uns todesmutig jeden Winter die diversen Pisten hinunter. Wir waren schnell und draufgängerisch, aber zum Franz Klammer reichte es leider auch nur bei Franz Klammer!

Im Sommer lockten Tennisplätze und Schwimmbäder, im Winter die verschneiten Abhänge – es war einfach schön, in Österreich groß zu werden!

Weltgeschehen

Unser Leben wurde turbulent! Nicht nur, dass wir langsam in die Pubertät kamen, welche für unsere Eltern und uns eine aufregende und anstrengende Zeit werden würde, auch auf der große Weltbühne gingen viele Dinge vor sich, die direkt oder indirekt Auswirkungen auf unser Leben hatten: 1972 streckte zum ersten Mal der Terrorismus seine Klauen nach Europa aus, als es bei den Olympischen Sommerspielen von München zu einer Geiselnahme kam, die mit insgesamt 17 Todesopfern – darunter alle Geiseln – endete. Der „Kalte Krieg" zwischen den USA und der Sowjetunion hatte trotz immer wiederkehrender Bemühungen der Entspannung die Welt fest im Griff. Ab 1973 hatten wir – zu unserer Freude und dem Leidwesen unserer Eltern – plötzlich eine zusätzliche Woche Schulferien im Jahr, die so genannten „Energieferien" (jetzt Semesterferien), die von der Regierung als Antwort auf den „Ölpreisschock" eingeführt wurden. Der Gedanke dahinter war nicht, uns Schülern das Leben zu erleichtern, sondern den Schulen mitten im Winter eine Woche Heizkosten zu ersparen. In diese Zeit fiel auch die Einführung des „Wochentagpickerls", mit dem jeder Autofahrer einen Tag in der Woche wählen musste, an dem das Auto in der Garage stehen bleiben sollte. Verwundert es, dass viele den Sonntag nahmen, der ebenfalls zur Auswahl stand?

Die ausgehenden Sechzigerjahre hatten mit ihrer Forderung nach „Love and peace", also einem friedlichen Nebeneinander aller Menschen, eine große Verheißung in den Raum gestellt, doch es schien, als würde diese Vision unter dem rauen Wind der Realität rasch wieder zerbröckeln. Die Menschheit war offensichtlich noch nicht reif für eine Welt ohne Krieg.

Das berüchtigte Wochentagpickerl.

Bud Spencer und Terence Hill kurz vor der nächsten Prügelei!

Rocky meets Skywalker – Kino in den Siebzigern

Das Kino der Siebzigerjahre war beinahe genau so bunt wie die Kleidung damals. Da gab es auf der einen Seite den „Schulmädchen-Report" und die Filme über die „Frau Wirtin" und diverse andere Sex-Klamotten – auch die fröhlichen Prügelfeste von Bud Spencer und Terence Hill wollen wir nicht vergessen; auf der anderen Seite aber entstanden Filme, deren Hauptfiguren heute kulturelles Allgemeingut sind, und die mit Recht zu den Klassikern ihrer Gattung zählen!

Stanley Kubrick schuf mit „Clockwork Orange" eine präzise Studie über Gewalt und Gegengewalt und gleichzeitig einen der kontroversesten Streifen der Filmgeschichte. „Rocky" Balboa stieg 1976 zum ersten Mal in den Ring und ließ sich die Nase blutig schlagen, und Don Vito Corleone löste in „Der Pate" von Francis Ford Coppola Familienprobleme auf seine ganz eigene Art und Weise – mit der Pistole! „Einer flog über das Kuckucksnest" wurde gleich für eine ganze Riege hochkarätiger Darsteller ein wichtiges Karrieresprungbrett.

Sigourney Weaver musste sich 1979 zum ersten Mal mit schleimigen „Aliens" herumschlagen, und Steven Spielberg ließ seine Protagonisten 1977 „Unheimliche Begegnungen der dritten Art" erleben. Und dann natürlich Luke Skywalker, der 1978 erstmals sein Lichtschwert schwang, um die Galaxis „... weit, weit entfernt..." vom bösen Darth Vader zu befreien. Die sogenannten Katastrophenfilme sorgten für wahre Rekorde an den Kinokassen. Steve McQueen und Paul Newman bekämpften 1974 das „Flammende Inferno", Roy Scheider schwamm 1975 mit dem unverwüstlichen „Weißen Hai" um die Wette und kenternde Schiffe („Das Poseidon-Inferno") oder abstürzende Flugzeuge („Airport") hielten das Publikum in Atem.

Wer es ganz deftig liebte, besah sich die spuckende, fluchende Linda Blair in „Der Exorzist" oder die italienischen Zombie- und Kannibalen-Filme. Die „Rocky Horror Picture Show" machte sich 1975 auf ihren Weg zum ewigen Kultfilm, und Peter Sellers sorgte als vertrottelter Inspektor Clouseau für Lachstürme in den Sitzreihen.

Mittlerweile waren wir auch alt genug, um uns etliche dieser Filme wirklich ansehen zu können, und es gab kaum etwas Gemütlicheres, als mit einigen Freunden und Tüten voller Popcorn auf den hölzernen Klappsitzen Platz zu nehmen und gemeinsam den neuesten Streifen zu genießen!

Mit solchen Aufpassern konnte wirklich nichts schiefgehen!

„Um zehn Uhr bist du daheim!"

Wir nannten mittlerweile einen respektablen Freundeskreis unser Eigen und so blieb es nicht aus, dass wir von dem einen oder anderen hin und wieder zu einer „Party" eingeladen wurden. Im Alter von zwölf oder dreizehn Jahren verlief auf solchen Festen natürlich alles vollkommen harmlos, aber unsere Eltern – überbesorgt und vorsichtig, wie Eltern eben sind – machten meist trotzdem ein furchtbares Drama daraus! Wenn wir also überhaupt gehen durften, wurden wir mit guten Ratschlägen und Vorschriften eingedeckt, die uns, da wir ja jetzt schon kleine Erwachsene waren, vollkommen überzogen und überflüssig erschienen. Eines führte zum anderen, es gab feurige Diskussionen, oft handfesten Streit und manchmal Tränen. Meist durften wir anschließend ja doch auf die Party, aber die richtige Freude war uns oft verdorben. Und wenn wir uns dann auf den Weg machten, folgte der unvermeidliche Stehsatz: „Aber spätestens um zehn bist du daheim!" Hatten wir liberaler eingestellte Eltern, konnte es auch elf Uhr werden, aber die Zeitspanne war auf alle Fälle immer zu kurz bemessen! Was freuten wir uns darauf, endlich sechzehn zu werden!

Manchmal kam es jedoch vor, dass unsere Eltern selbst eine Party feierten, und da durften wir selbstverständlich nicht fehlen. Zwar war es zwischen den ganzen Erwachsenen nicht so lustig wie mit unseren Freundinnen und Freunden, aber vielleicht brachten die Gäste selbst Kinder mit, und dann konnte man schon eine ganze Menge Spaß haben. Und wenn es sie selbst betraf, nahmen unsere Eltern es auch mit der Uhrzeit nicht ganz so genau!

The answer is blowin' in the wind.

Kleider machen Leute

Wenn wir wollten,
konnten wir ganz schön elegant sein!

Mit unseren Kleidern verlief es leider ähnlich wie mit unseren Partybesuchen! Natürlich war uns klar, dass wir nicht alles tragen konnten, was damals gerade „in" war, aber irgendwie schien es in unserem Freundeskreis immer gerade EINE Person zu geben, die in die neueste und schickste Mode gekleidet war – zumindest in unseren Augen! Er oder sie trug die Jeans mit den weitesten Schlägen, das bunteste Hemd mit dem größten Kragen, das am wunderbarsten geblümte Kleid – oder den kürzesten Rock! Wenn wir zuhause davon erzählten und unseren eindringlichen Wunsch äußerten, ebenfalls so gekleidet zu sein, schlugen unsere Eltern erst einmal die Hände über dem Kopf zusammen und murmelten anschließend etwas von „… nicht alle zwei Wochen ein neues Kleid kaufen …" oder „Kommt gar nicht in Frage, dass du uns so herumläufst!". Und anstatt mit uns in die angesagten Läden zu pilgern, mussten wir mit Kleidern aus dem Quelle-Katalog vorliebnehmen! So wollten wir nun wieder nicht herumlaufen und es kam erneut zu den schon erwähnten heißen Diskussionen. Rückblickend betrachtet können wir natürlich zu der Einsicht kommen, dass unsere Eltern damals durchaus vernünftig gehandelt haben: Die wenigsten von ihnen waren Krösus persönlich, und gerade ein Teenager kann, was das Geld betrifft, ein Fass ohne Boden sein. Als pubertierende Trotzköpfe konnten oder wollten wir das aber nicht einsehen. Letztendlich wurde meist ein für beide Seiten tragbarer Kompromiss gefunden, und hin und wieder gelang es uns sogar, in einem Kleidungsstück aufzutauchen, das ausnahmsweise einmal die anderen neidisch machte!

Große Garderobe!

1974-1978

Pubertäre Stürme

Bildungswege

Die Unterstufe war geschafft – wie sollte es nun weitergehen? Für die Schüler im Gymnasium stellte sich die Frage meist nicht, außer der Schulerfolg ließ doch zu wünschen übrig, aber ein Schüler der Hauptschule musste sich jetzt entscheiden. Das fünfte Jahr wurde meist mit dem Besuch des Polytechnikums oder einer Haushaltsschule überbrückt, dann ging es ab ins Berufsleben. Sekretärin, Friseurin, Kaufmann oder Automecha-

In der Berufsschule.

Chronik

24. April 1974

Bundespräsident Franz Jonas stirbt. Sein Nachfolger wird Rudolf Kirchschläger.

9. August 1974

Der amerikanische Präsident Richard Nixon tritt aufgrund der Watergate-Affäre zurück.

1. Jänner 1975

In Österreich wird die „Fristenlösung" bei Schwangerschaftsabbruch eingeführt.

4. April 1975

Bill Gates und Paul Allen gründen das Unternehmen „Microsoft".

21. Dezember 1975

Terroristen unter der Führung von „Carlos" nehmen im OPEC-Hauptgebäude in Wien siebzig Geiseln, darunter elf Ölminister. Drei Personen kommen dabei ums Leben.

4. Februar 1976

Die XII. Olympischen Winterspiele in Innsbruck werden eröffnet.

1. April 1976

Steve Jobs und Steve Wozniak gründen die Firma „Apple".

25. Mai 1977

Der erste Teil von George Lucas' „Star Wars" feiert in den USA seine Premiere.

16. August 1977

Elvis Presley stirbt.

17. März 1978

Der Öltanker „Amoco Cadiz" sinkt vor der bretonischen Küste und verliert 223 000 Tonnen Rohöl.

21. Juni 1978

In Córdoba besiegt die österreichische Fußballnationalmannschaft im letzten Spiel der Zwischenrunde Deutschland mit 3:2.

5. November 1978

50,47 Prozent der Österreicher stimmen gegen eine Inbetriebnahme des Atomkraftwerks Zwentendorf. Das Kraftwerk geht nie in Betrieb.

niker – die Berufswünsche waren durchaus geschlechterspezifisch und nicht immer klischeefrei. Lehrjahre sind keine Herrenjahre, und die ersten Wochen und Monate konnten durchaus sauer werden, aber es war ein großartiges Gefühl, als uns die erste Lohntüte in die Hand gedrückt wurde! Und mit ein bisschen Sparsamkeit reichte das Geld bald für das erste Moped! Wenn man sehr sparsam war oder großzügige Eltern hatte, konnte man sich den absoluten Jungmänner-Traum einer Puch Monza erfüllen, die bei ihrem Erscheinen 1975 immerhin über 14 000 Schillinge kostete!

Die neidvollen Blicke der Freunde waren eine Entschädigung für jede Mühe, und die Mädchen waren schwer beeindruckt und wollten unbedingt mitfahren – viel hat sich da bis heute nicht geändert! Und während diejenigen von uns, die noch die Schule besuchten, über ihren Büchern brüten mussten, fuhren die anderen mit ihren „Maschinen" zum Badesee. Ja, das Berufsleben hatte auch seine Vorteile!

Jungs lieben es schnell – eine Puch Cobra war da genau richtig!

Irgendwann fanden wir doch noch zusammen.

Die große Liebe

Unser Gefühlsleben war in jenen Jahren das reinste Chaos – und uns selbst das größte Rätsel! Von einer Sekunde zur anderen verwandelten wir uns vom liebsten Kind in eine abscheuliche Kratzbürste, konnten uns in einem Moment nicht wieder einkriegen vor lauter Lachen und wären im nächsten am liebsten in Tränen ausgebrochen. Wir liebten unsere Eltern heiß und mussten trotzdem manchmal bis aufs Messer mit ihnen streiten, bis beide Seiten beleidigt auseinanderstürmten. Die Einzigen, die uns in dieser Zeit zu verstehen schienen, waren unsere Freunde – denen es natürlich genauso erging, aber gemeinsames Leid verbindet eben! So war es kein Wunder, dass wir unsere Zeit lieber mit unseren Freunden verbrachten als mit unseren Eltern. Unseren Eltern war das natürlich auch wieder ein Dorn im Auge, und je mehr sie uns daheim festhalten wollten, desto lieber liefen wir davon! In der Gasse, auf dem Schulhof – man sah uns nur noch mit unseren Freunden.

Und wie das Leben so spielt, befand sich in dieser Gruppe oft ein ganz besonderes Wesen: unser erster Schwarm! Man wäre lieber auf der Stelle tot umgefallen, als diese Tatsache öffentlich zu machen, aber mit dem besten Freund oder der besten Freundin wurde die Angelegenheit ausgiebig besprochen. In der Gruppe hing man nur an den Lippen des oder der Auserwählten, man sog jede Äußerung auf wie ein Schwamm und nachts lag man im Bett und konnte vor lauter Herzweh nicht einschlafen. Dieses neue und große Gefühl fuhrwerkte in unserem Innern herum und wir waren gleichzeitig süchtig danach und verängstigt davor. Niemand konnte uns einen rechten Rat geben (mit unseren Eltern konnten oder wollten wir darüber ohnehin meist nicht reden), und auch die einschlägigen Tipps aus dem BRAVO-Heft, welches wir inzwischen heimlich und mit roten Ohren lasen, halfen uns nicht so recht weiter.

Waren wir nicht allzu schüchtern, so boten die vorhin besprochenen Partys oft eine erste gute Gelegenheit, unserem Schwarm näher zu kommen! Hatte man es auf dem Schulhof noch nicht getan, so waren diese Feste oft der Anlass für unsere erste Zigarette – die scheußlich schmeckte, aber Husten war verpönt! Diverse „Rüscherl" sorgten für unseren ersten Schwips, und zu fortgeschrittener Stunde wurden dann die Kuschelrock-LPs auf den Plattenteller gelegt, und es wurde eng umschlungen Stehblues getanzt. Der erste Kuss war dann nur noch eine Frage der Zeit. Von dem Moment an „ging man miteinander" – die erste Liebe hatte uns ereilt. Die Telefonrechnung unserer Eltern stieg daraufhin in beängstigende Höhen – und unser Taschengeld schmolz dahin wie Schnee im Juli! In Ermangelung anderer Kommunikationsformen schrieben wir Liebesbriefe, beklebten diese mit bunten Stickern oder malten große Herzen darauf und saßen dann tagelang auf Nadeln, bis endlich die Antwort im Postkasten landete. Fiel sie positiv aus, schwebten wir im siebten Himmel, hieß es „Ich mag dich wirklich, aber…" brach unsere Welt zusammen, wir vergruben uns tagelang in unseren Zimmern, hörten unsere traurigsten Schallplatten und versanken in tiefsten Liebeskummer. Doch auch der ging irgendwann vorüber, und letztendlich fanden wir doch noch die Richtige oder den Richtigen!

Erneut olympisches Feuer in Innsbruck

Vom 4. Bis 15. Februar 1976 fanden die Olympischen Winterspiele erneut in Innsbruck statt, nachdem Denver sie aus finanziellen Gründen zurückgegeben hatte.

Österreichischer Star der Spiele war Franz Klammer. Er galt zwar als großer Favorit in der Abfahrt, musste sich aber am 5. Februar am Patscherkofel einem starken Herausforderer, dem Schweizer Bernhard Russi – Olympiasieger von 1972 – stellen.

Der Unterrichtsminister gab allen österreichischen Schülern ab 11 Uhr schulfrei, damit jeder das Rennen verfolgen konnte. Und wir wurden nicht enttäuscht: Der Schweizer Kontrahent stellte zwar zunächst eine Bestzeit auf, doch Klammer, der nach einem schweren Fehler im oberen Teil nur auf Rang drei lag, holte im unteren Teil auf und siegte mit einem Vorsprung von 33 Hundertstelsekunden und einer neuen Bestzeit.

Turbulenzen

Hatten unsere Eltern gedacht, dass wir bisher schon schwierig genug gewesen waren, so wurden sie jetzt eines Besseren belehrt, denn mit fünfzehn wurden wir erst richtig aufsässig. Die Revolutions- und Aufbruchsstimmung, in die wir hineingeboren worden waren und unbewusst miterlebt hatten, wurde jetzt von uns bewusst ergriffen und zum Leitfaden unseres eigenen Lebens gemacht. Wir fühlten uns stark und unbesiegbar, erfüllt von heftigem Aufbegehren gegen alles Althergebrachte, das für uns besonders von unseren Eltern verkörpert wurde. Auch die Schule wurde zu einem Angriffspunkt: Lehrer waren keine unangreifbaren Autoritätspersonen mehr, sondern mit ihrer Forderung nach Gehorsam und Auswendiglernen des Schulstoffes nur Hindernisse auf unserem Weg der Selbstverwirklichung. Die Lieder der Revoluzzer der ausgehenden Sechzigerjahre wurden unsere neuen Hymnen, die Beatles, Pink Floyd, Jimi Hendrix oder The Doors waren die Interpreten unserer neuen „Marschmusik", zu deren Takt wir in den Kampf mit der uns umgebenden Welt zogen. Kollateralschäden konnten dabei natürlich nicht ausbleiben: Der Haussegen hing eigentlich permanent schief, unsere Lehrer rauften sich die Haare und manche von uns wurden sogar von der Schule verwiesen! Wir waren fest davon überzeugt, dass, wenn nur wir endlich das Sagen hätten, die Welt schon gerettet gewesen wäre. Keiner der Erwachsenen war jedoch gewillt, das einzusehen, und so wussten wir vor Wut und Verzweiflung oft nicht ein und aus. Wir flüchteten zu unseren Freunden und mit ihnen in Lokale. Wenn unsere Eltern uns das nicht erlauben wollten, schlichen wir uns heimlich davon, wurden entdeckt und bestraft – was unser Verhältnis nicht unbedingt verbesserte. Rückblickend gesehen können wir wirklich froh sein, dass wir in dieser Zeit nicht unsere eigenen Eltern sein mussten!

Trotz war damals unser bestimmendes Lebensgefühl.

Zum letzten Mal gemeinsam auf Urlaub.

Der letzte Familienurlaub

Von Kindheit an waren wir mit unseren Eltern in den Urlaub gefahren. War es in die Berge gegangen oder an den „Hausmeisterstrand" im italienischen Caorle, wir waren dabei. Sicherlich waren wir auch mal allein auf ein Ferienlager gefahren, aber lieber waren wir doch mit unseren Eltern unterwegs. Nun änderte sich das schlagartig. Wir entwickelten eigene Vorstellungen davon, welche Art von Urlaub uns Spaß machen würde, und wir wussten auf einmal, dass ein Urlaub mit unseren Eltern nicht mehr dazugehörte. Wir meldeten lautstark unsere Wünsche an und waren bitterböse, wenn die Eltern sich darüber hinwegsetzten. Schließlich einigte man sich – wie so oft in letzter Zeit – auf einen Kompromiss: Wir fuhren noch ein letztes Mal mit unseren Eltern auf Urlaub, die nächsten Ferien sollten dann schon uns allein gehören. Auf dieses Angebot konnten wir uns einlassen – wenn auch manchmal mit einem langen Gesicht! Heute betrachten wir uns die Fotografien von diesem letzten Urlaub und wissen, dass wir damals einen weiteren Schritt zum Erwachsenwerden gesetzt hatten, ohne uns dessen bewusst gewesen zu sein. Und im darauffolgenden Jahr fuhren wir wirklich mit Freunden in unseren eigenen Urlaub. Aber das ist eine andere Geschichte!

Das Drama vom Nürburgring

Am Nachmittag des 1. August 1976 hielt ganz Österreich den Atem an. Noch hatte sich das Land nicht von der morgendlichen Schreckensmeldung vom Einsturz der Wiener Reichsbrücke erholt, als sich schon die nächste Katastrophe ereignete: Beim „Großen Preis von Deutschland" auf dem Nürburgring brach Laudas Ferrari in der ersten Runde kurz vor dem Streckenabschnitt „Bergwerk" plötzlich nach rechts aus, krachte in die Streckenbegrenzung und schleuderte zurück auf die Fahrbahn. Der Benzintank des Fahrzeugs platzte und das Benzin entzündete sich sofort. Einige andere Wagen krachten noch in den Ferrari, bevor andere Fahrer das Feld stoppen und Lauda aus dem brennenden Wrack bergen konnten, der bei Bewusstsein war, aber schwere Verbrennungen erlitten hatte, da ihm bei dem Unfall der Helm vom Kopf gerissen worden war. Zwei zufällig an der Stelle postierte Amateurfilmer hielten die Ereignisse auf Super-8-Film fest, man kann das Entsetzen, das an der Unfallstelle herrschte, auf diesen alten Aufnahmen beinahe mit Händen greifen. Nachdem Lauda ins Krankenhaus gebracht worden war, stellte sich heraus, dass die Verbrennungen bei Weitem nicht das größte Problem waren: Lauda hatte giftige Dämpfe der verbrennenden Kunststoffkarosserie eingeatmet, die seine Lungen verätzt hatten. Er fiel ins Koma und erhielt bereits die letzte Ölung. Wie durch ein Wunder erholte er sich jedoch rasch, und unglaubliche sechs Wochen später saß er schon wieder im Cockpit und versuchte doch noch die Weltmeisterschaft zu holen, was ihm in dieser Saison jedoch nicht mehr gelingen sollte. Bereits 1977 wurde er jedoch zum zweiten Mal Weltmeister.

Niki Lauda kurz vor seinem Unfall.

So cool wie Travolta waren wir leider nie!

„Alles Walzer!" oder „Stayin' alive"?

Erste Schritte auf dem Tanzparkett hatten wir schon hinter uns – auf Partys kam man ohne ein paar so genannte Tanzschritte noch aus, aber als wir sechzehn wurden, war es an der Zeit, die höheren Weihen des „richtigen" Tanzes zu empfangen: Wir meldeten uns in der Tanzschule an. Jeden Samstagabend putzte man sich nun allerfeinst heraus, Jungen mit Hemd, Krawatte und Bügelfalte, Mädchen mit Rock, Bluse und Stöckelschuhen; und frisch rasiert oder fein geschminkt machte man sich daran, die Geheimnisse von Foxtrott, Tango und Walzer zu ergründen. Das war durchaus nicht immer einfach, und so herrschte an diesen Abenden vorwiegend eiserne Konzentration anstelle von nonchalanter Konversation. Aber mit den Wochen verschwand die Peinlichkeit, unsere Bewegungen wurden geschmeidiger, die richtigen Schritte kamen ganz von selbst und schließlich war es so weit: Wir erhielten unser Diplom und unser Abzeichen und waren somit „fertige" Tänzer. Die nächste Ballsaison konnte kommen!

Oder gingen wir nicht doch lieber in die Disco? Die Disco-Welle schwappte von Amerika nun auch auf Europa über, und zu den Klängen von Boney M., der Bee Gees, Carl Douglas oder Donna Summer konnte man so wunderbar über die blinkende Tanzfläche zucken, rucken und stampfen und musste sich keine Gedanken über die richtigen Schritte machen! Unterhalten konnte man sich zwar auch nicht mehr untereinander, aber das war ohnehin Nebensache. Was zählte, war, den coolsten Eindruck auf der Tanzfläche zu vermitteln.

Auch vier Räder brauchen mal eine Pause.

Die Fremde ruft

Der nächste Sommer war da und damit war die Zeit reif für unseren ersten Urlaub ohne Eltern! Zusammen mit unseren Freunden oder – ganz wagemutig – auf eigene Faust beschlossen wir, die Welt zu erkunden. Und was gab es da Geeigneteres als das Interrail-Ticket? Ganz Europa lag uns damit zu Füßen. Der große Rucksack wurde mit der notwendigen Reiseausstattung vollgepackt, und eines schönen Morgens ging es per Zug ab in die weite Welt. Manche zog es an die sonnigen Strände von Griechenland, wir schaukelten mit der Fähre über den Ärmelkanal nach England oder Irland oder ließen uns von den Lavendeldüften der Provence bezaubern. Wir quetschten uns zusammen mit zig anderen jugendlichen Globetrottern in vollgestopfte Waggons, übernachteten notfalls auch schon mal auf Bahnhöfen, und Duschen wurde zum absoluten Luxus. Reichte der Wortschatz unserer Englisch- oder Französisch-Kenntnisse nicht aus, wurden Hände und Füße zur Konversation herangezogen. Film um Film wurde durch unsere Kameras gezogen, und unsere letzten Schillinge gaben wir für Ansichtskarten aus, um jedermann zu Hause an unserer Reise teilhaben zu lassen.

Hatten wir bereits etwas ältere Freunde, die schon einen fahrbaren Untersatz ihr Eigen nennen konnten, machten wir uns vielleicht mit ihnen auf den Weg in eines unserer Nachbarländer, wie Italien oder Frankreich. Eine Reise in die Türkei war damals noch ein regelrechter Abenteuerurlaub, da das Land touristisch nicht sehr erschlossen war. Aber gerade das reizte uns! Wir wollten das Land und die Einheimischen noch so kennen lernen, wie sie waren. Diese Neugierde brachte uns manchmal in die Bredouille, aber meistens kehrten wir mit wunderbaren Erinnerungen nach Hause zurück, von denen wir noch lange zehren konnten!

Home, sweet home – wir ziehen aus

In den meisten Fällen freuten wir uns nach unseren Urlaubsabenteuern wieder auf zuhause – aber manchmal war das nicht so! Wir hatten in den Wochen unterwegs so viel an Freiheit und Selbstbestimmung genossen und lieben gelernt, dass wir mit einem Schlag die Enge daheim überhaupt nicht mehr aushielten. Wir nahmen wahr, dass in unserem Freundes- und Bekanntenkreis ganz andere Lebensstile herrschten als in unserem Elternhaus, und diese anderen Lebensweisen erschienen uns verlockender. Unsere Freunde lebten vielleicht schon in Wohngemeinschaften und waren ihre eigenen Herren, während wir uns noch vorschreiben lassen mussten, wann wir abends daheim zu sein hatten. Zwischen unseren Eltern und uns war einfach kein gegenseitiges Verständnis mehr zu erzielen. Und so reifte in uns der Entschluss, uns eine eigene Wohnung zu suchen.

Die wenigsten Eltern waren froh, wenn sie mit dieser Entscheidung ihrer Sprösslinge konfrontiert wurden (oder sie gaben es zumindest nicht gleich zu!), aber nach einigen Diskussionen und einem Überblick über die finanziellen Ressourcen der Familie stimmten sie meistens zu. Vielleicht befanden wir uns auch schon in einer festen Beziehung mit einem Partner, und wenn wir gemeinsam eine Wohnung bezogen, mussten sich unsere Eltern weniger Sorgen machen.

Allein oder gemeinsam machten wir uns dann auf die Suche nach einer geeigneten Bleibe und nur wenige Wochen später war es so weit: Wir packten unsere Siebensachen und bezogen unsere erste eigene Bude. Endlich unser eigener Herr!

Sicher gab es zuerst gewisse Anlaufschwierigkeiten in Bezug auf die Haushaltsorganisation und das Auskommen mit unserem Budget – zu viele Lokalbesuche sorgten am Monatsende dann eben für einen leeren Magen, aber im Großen und Ganzen fühlten wir uns wohl wie die Fische im Wasser!

Die „Selbstgewuzelten" schmeckten in unserer eigenen Wohnung gleich noch einmal besser!

„I wer´ narrisch ...!" – das „Wunder von Córdoba"

Der 21. Juni 1978 ging als Tag des „Wunders von Córdoba" in die österreichische Fußballgeschichte ein. Im letzten Spiel der Zwischenrunde der Fußballweltmeisterschaft in Argentinien standen einander die österreichische und deutsche Nationalmannschaft gegenüber. Für beide Mannschaften ging es ohnehin nicht mehr um einen Einzug in die nächste Runde, aber bei einem ausreichend hohen Sieg über Österreich hätte Deutschland zumindest noch um den Gruppensieg spielen können. Die Deutschen galten zudem als haushohe Favoriten des Spiels. Wie erwartet, ging die deutsche Mannschaft in der neunzehnten Minute durch einen Treffer von Rummenigge in Führung, fiel dann aber durch ein Eigentor von Berti Vogts und ein Tor von Hans Krankl auf 1:2 zurück. Bernd Hölzenbein stellte dann zwei Minuten später den Ausgleich wieder her. In der achtundachtzigsten Minute geschah dann das „Wunder", indem Krankl die Österreicher mit 3:2 in Führung brachte. Mit diesem Ergebnis endete das Spiel, und beide Mannschaften flogen im selben Flugzeug nach Hause.

Zur Legende wurde dieses Spiel vor allem durch die Radio-Übertragung des ORF, in der Reporter Edi Finger sen. vor dem Mikrofon in einen wahren Freudentaumel verfiel und jenen Ausspruch tätigte, der mittlerweile zur österreichischen Populärkultur zählt: „Toor, Toor, Toor, Toor, Toor, Toor! I wer´ narrisch!"

Noch heute werden bei jedem österreichisch-deutschen Länderspiel Erinnerungen an jenen Abend im Juni 1978 beschworen, an dem der kleine Bruder Österreich den großen Bruder Deutschland von der WM heimschickte!

Wir alle fieberten mit, beim WM-Spiel Österreich gegen Deutschland.

Voller Eleganz auf dem Maturaball!

Reif für das Leben?

Gingen wir noch zur Schule, dann stand uns zum Abschluss noch eine ganz besondere Freude ins Haus: Die Matura. Schließlich mussten wir es doch Schwarz auf Weiß haben, dass wir all die Jahre ordentlich gelernt hatten! Hatten wir nicht ganz so brav gelernt, hieß es jetzt noch einmal ordentlich Gas zu geben. Das waren keine leichten Monate: Stundenlang brüteten wir über unseren Büchern, lernten mathematische, chemische und physikalische Formeln auswendig, studierten eingehend das Liebesleben der Fruchtfliegen und verfassten Übungsaufsätze in Deutsch oder Englisch. Dazwischen mussten auch noch irgendwo die Organisation und Durchführung des Matura-Balls Platz finden, und als endlich die Prüfungswoche da war, hatten wir ganz schön dunkle Ringe unter den Augen! Die meisten Prüfer hatten kein Verständnis für unsere Erschöpfung, und wer nicht gut vorbereitet war, fiel gnadenlos durch. So manche „Ehrenrunde" sorgte für viel Verbitterung unter unseren Mitschülern.

Die meisten von uns schafften es aber glücklich beim ersten Anlauf, und die nachfolgende Ruhepause hatten wir uns redlich verdient! Auch unsere Eltern waren wieder ein wenig mit unserer schulischen Laufbahn ausgesöhnt und Friede kehrte ein! Amen!

Der Feind kann kommen!

Reif für das Leben!

Da waren wir nun: junge Erwachsene, mit allem ausgestattet, was wir für das Leben brauchen konnten. Wir hatten gehen und sprechen gelernt, lesen und schreiben, arbeiten und Auto fahren. Jetzt lag es an uns, aus diesen Kenntnissen etwas zu machen: Leben zu lernen. Wir strotzten vor Kraft und Selbstvertrauen, jeder Mensch über dreißig erschien uns uralt, und der Gedanke an eine eigene Familie lag noch in weiter Ferne. Viele von uns begannen ein Studium an der Uni, etliche standen schon mitten im Arbeitsleben. Dazwischen wartete noch der „Dienst an der Waffe" auf die männlichen Staatsbürger.

Alte Werte galten plötzlich nicht mehr, neue sollten an ihre Stelle treten. Eigentlich standen wir der Welt genauso mutig oder hilflos gegenüber wie unsere Eltern bei unserer Geburt. Doch genau wie sie fassten wir uns ein Herz und begannen, dieser Welt unseren eigenen Stempel aufzudrücken. Wir machten dieselben Fehler – oder andere, lernten aus diesen Fehlern und beschlossen, sie nicht mehr zu machen. Als Kinder der Sechziger strebten wir Zeit unseres Lebens nach Freiheit, Selbstverwirklichung und Spiritualität. Die Welt machte es uns nicht leicht, manche von uns gingen daran zugrunde. Andere wiederum arrangierten sich, wurden „bürgerlich" und angepasst. Der Geist der sechziger Jahre wäre heute aktueller denn je – gelingt es uns, ihn in uns zu finden, aufzuwecken und in Freiheit zur Entfaltung zu bringen? Hoffentlich!

Leben!